编委会

主　编：陈　钧　吴　迪
副主编：李　茹　韦启卫　周祁林　孔令林　曾令忠
编　委：杨昌霞　鲁恩平　杨明乾　倪祖芳　石琪英
　　　　翁昌燕　孙　霞　陈添添　黄再秀　谢丝雨
　　　　吴通英　王　麟　陈明明　万　谦　杨　妮
　　　　武小霞　徐燕萍　陈　禹　张　旭　何媛媛
　　　　杨文兰　白梦鸽

基础英语教育实证研究

陈钧 吴迪 ◎ 主编

四川大学出版社
SICHUAN UNIVERSITY PRESS

图书在版编目（CIP）数据

　　基础英语教育实证研究 / 陈钧，吴迪主编． — 成都：四川大学出版社，2022.11
　　ISBN 978-7-5690-5779-9

　　Ⅰ．①基… Ⅱ．①陈… ②吴… Ⅲ．①英语课－教学研究－中小学 Ⅳ．① G633.412

　　中国版本图书馆CIP数据核字（2022）第203575号

书　　名：	基础英语教育实证研究
	Jichu Yingyu Jiaoyu Shizheng Yanjiu
主　　编：	陈　钧　吴　迪
选题策划：	梁　平　王　静
责任编辑：	王　静
责任校对：	张　澄
装帧设计：	璞信文化
责任印制：	王　炜
出版发行：	四川大学出版社有限责任公司
地　　址：	成都市一环路南一段24号（610065）
电　　话：	（028）85408311（发行部）、85400276（总编室）
电子邮箱：	scupress@vip.163.com
网　　址：	https://press.scu.edu.cn
印前制作：	四川胜翔数码印务设计有限公司
印刷装订：	成都市新都华兴印务有限公司
成品尺寸：	170mm×240mm
印　　张：	15.25
字　　数：	290千字
版　　次：	2022年12月 第1版
印　　次：	2022年12月 第1次印刷
定　　价：	78.00元

扫码查看数字版

本社图书如有印装质量问题，请联系发行部调换

■版权所有 ◆ 侵权必究

四川大学出版社
微信公众号

序

由贵州省黔南民族师范学院外国语学院陈钧教授、吴迪副教授主编的《基础英语教育实证研究》即将出版。他们邀我审读并为此书作序。读，我很欣然；审，我有些不敢当；作序，我更为忐忑。作为英语教育研究者中的一员，与英语教育相关的文章著作，我都愿意学习，但是基础英语教育研究并非我所长。不过，翻开目录发现，该书聚焦贵州少数民族地区中学英语教学研究，让我对该书顿生好感，通览全书后发现，该书涉及英语教师教育、英语课堂教学、英语学习策略和英语学习中的情感因素，有教育教学理论探讨，也有教学实践研究，有分析有实证，让我对贵州少数民族地区的基础英语教育有了更加全面的认识，对贵州少数民族地区基础英语教师的执着与信念有更加深刻的感受，对此书主编及论文作者的敬佩油然而生。

《基础英语教育实证研究》分为"英语教师教育研究""英语课堂教学研究""语言学习方法与策略研究"和"英语学习中的情感因素研究"四个部分。每一篇文章都是在收集大量数据、素材的基础上，依托该校极具特色的研究生学科（英语）教育，通过调查、实验等方法得出的实证研究成果，有很高的实践教学价值，如陈钧、邹波的《民族地区中学生英语课堂"师源性"焦虑研究》是以该地区三所中学的 490 名学生为研究对象，通过问卷、调查、数据收集、比较分析，从而找出研究的意义和路径，很有借鉴价值。这些文章既有多位老教授数十年英语教育的实践总结和理论思考，也有青年教师和学科教育研究生关于英语教育的理论创新，文章均观点清晰，既有理论基础又有数据支撑。我相信此书的出版不仅有助于学界了解贵州少数民族地区的英语教学现状，而且有助于推动该地区的英语教学改革，促进该地区英语教育事业的发展。

黔南民族师范学院外国语学院的教师几十年如一日，辛勤耕耘，不倦探索，用心血和汗水浇灌他们所热爱的土地，潜心少数民族地区的外语教育研究。《基础英语教育实证研究》一书，不仅汇集了主编及作者关于基础英语教

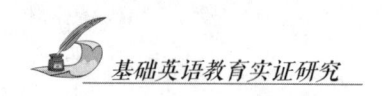

育的真知灼见，更凝聚着他们对贵州少数民族地区的无限热爱。

  我从事高校英语教育已有37年，对基础英语教育的关注始于15年前的高考英语命题，而对基础英语教育的情结始于贵州。2013—2019年我代表广东外语外贸大学数次前往贵州省黔西南布依族苗族自治州执教，这一经历让我对贵州少数民族地区的英语教育和一线英语教师现状有了近距离的观察和切身体会，让我感受到贵州少数民族地区的基础英语教育水平需要进一步提高，基础英语教师需要指导和关怀。

冯光武　教授　博士生导师
2022年3月23日于广东外语外贸大学

前　言

黔南民族师范学院位于黔南布依族苗族自治州境内，是于 2000 年 3 月经教育部批准成立的一所本科层次的民族师范院校，也是贵州省第一所专升本的地方高校，学校办学历史可追溯到 1952 年。2007 年学校接受教育部本科教学工作水平评估获"良好"等次；2011 年获批成为特需项目教育硕士专业学位研究生培养单位；2012 年经教育部批准成为"中小学教师国家级培训计划"示范性集中培训项目院校；2013 年获建省级院士工作站；2014 年加入全国应用技术大学（学院）联盟，并成为教育部 20 所转型发展案例院校之一；2017 年通过教育部本科教学审核评估，获专家组"高水平、有特色"评价。学校以师范性、民族性、地方性、应用型为办学特色，四大特色统筹兼顾、协调发展；开办有研究生、本科生、少数民族预科生、留学生等分层次、分类型教育。

外国语学院以服务地方需求为导向，彰显民族特色，走特色差异化发展道路，在学科建设、专业建设、人才培养中取得了显著成效。学院现有英语、商务英语和日语三个专业，其中英语专业是学院的传统优势专业，该专业 1977 年开始招收专科生，2000 年开始招收英语专业（师范）本科生，2014 年开始招收学科教学（英语）教育硕士研究生。2012 年英语专业获批省级特色专业，2016 年英语语言文学获批省级重点支持学科，2018 年全省英语专评估中位列第二，2019 年获批"双万计划"省级一流本科专业建设点，2022 年获批为国家级一流本科专业建设点。

外国语学院研究生教育致力于培养扎根民族地区、服务地方基础教育的高素质英语教育人才。研究生教育采取校内校外双导师制，校内导师由本院高学历、高职称、学术水平高的教授、副教授担任，校外导师聘任本地区优质中学的省级、地州级教学名师、学科骨干教师担任。研究生培养面向地方需求，校内外教师协同，培养了一批批高素质的研究生，得到社会的高度认同。

学院研究生教育以服务民族地区基础教育为导向，积极开展民族地区的英语教育教学研究，形成了一系列的研究成果。2019年外国语学院推选的一篇研究生学位论文获评"全国教育硕士优秀论文"，并入选"全国教育硕士优秀示范论文"。本书是外国语学院校内外研究生导师与研究生共同研究的代表性成果，所收录的文章都是研究民族地区基础教育的实证研究论文。本书采用定量、定性的研究方法，通过调查、访谈、观察、实验等收集数据，开展实证研究，旨在通过客观真实的数据，反映本地区的中小学英语教育教学现状及相关英语教育教学实验研究所取得的成效。本书内容包括四个部分：第一部分是英语教师教育研究，主要包括基础教育英语教师的职业认同、教学水平、科研能力、情感态度等方面；第二部分是英语课堂教学研究，主要涉及中学英语课堂教学现状调查、教学设计、教学实验等方面；第三部分是语言学习方法与策略研究，主要对学生听、说、读、写等语言技能的学习方法与策略进行了研究和分析；第四部分是英语学习中的情感因素研究，主要包含学生英语学习中的目标定向、动机、焦虑、学习风格等方面的研究。

本书是黔南民族师范学院外国语学院多年来硕士研究生教育研究所取得的代表性成果，对贵州省黔南州的基础教育英语教学做了多视角、多维度的研究，对全面了解黔南州中学英语教学现状，指导中小学英语教师开展教育教学研究和教学改革，切实提高黔南州的英语教育教学质量，具有较高的参考价值。同时对贵州省其他地区乃至西部欠发达地区的基础教育英语教师开展教研教改也有一定的借鉴价值。

陈　钧
2022年3月12日

目　录

第一部分　英语教师教育研究

专家型英语教师与新手型英语教师的英语课堂教学行为
　　比较研究 …………………………………… 武小霞　陈　钧（3）
民族地区英语教师身份认同现状与文化教学反思 …… 蒙　璐　李　茹（13）
民族地区中学英语教师科研能力调查研究 ………… 陈添添　李　茹（20）
民族地区中学英语教师自我效能感现状调查 ………… 张　粲　曾德艳（25）
基于语料库的中学英语教师认知能力发展探究 ……… 曾令忠　韩伟丽（34）

第二部分　英语课堂教学研究

图式理论在民族地区高中英语阅读教学中的应用 …… 张芳洁　韦启卫（45）
黔南州高中生英语课堂沉默现状调查研究 …………… 李小会　韦启卫（51）
基于《中国英语能力等级量表》的农村初中生
　　英语听力现状调查及对策研究 ………………… 罗永丽　李　茹（57）
语篇分析知识对英语阅读教学设计的影响 ……………………… 翁昌燕（66）

第三部分　语言学习方法与策略研究

高中生英语听力策略使用情况的调查研究
　　——以贵定县第一中学为例 …………………… 曾德艳　杨昌霞（75）
元认知策略在黔南州高中生英语听力学习中的应用调查
　　…………………………………………………… 陈　韵　杨昌霞（82）

1

高中生英语阅读图式理论应用研究 …………… 牛丙平　韦启卫（90）
高中生英语课外自主阅读调查研究 …………… 黄　文　杨昌霞（98）
黔南州高中生英语阅读思辨能力现状研究 …… 徐燕萍　陈　钧（105）
基于《中国英语能力等级量表》的民族地区初中生
　英语阅读现状调查及对策研究 ……………… 赵　枫　李　茹（111）
高中男女生在英语阅读理解中使用元认知策略差异性研究
　　　　　　　　　　　　　　　　　　　…… 刘玲玲　韦启卫（121）
Oxford语言学习策略量表（SILL）在民族地区初中英语
　学生中的应用 ………………………………………………… 孙　霞（126）

第四部分　英语学习中的情感因素研究

中学生英语学习动机调控策略实证研究 ……… 白梦鸽　陈　钧（133）
黔南州高中生英语合作学习与学习动机相关性研究 … 尚华猛　杨昌霞（139）
情感过滤假设与民族地区初中留守学生英语学习兴趣分析
　　　　　　　　　　　　　　　　　　　…… 吴展映　李　茹（149）
学习兴趣对高中生英语学习影响的调查分析 …… 武小霞　陈　钧（153）
民族地区中学生英语课堂"师源性"焦虑研究 …… 陈　钧　邹　波（160）
民族地区初中生英语课堂焦虑与英语成绩的相关性研究
　　　　　　　　　　　　　　　　　　　…… 黄再秀　陈　钧（169）
黔南州初中生英语词汇学习焦虑现状及应对策略研究
　　　　　　　　　　　　　　　　　　　…… 陈　禹　陈　钧（175）
高中生英语学习逆商与英语成绩的相关性研究 … 周洪丽　韦启卫（184）
瓮安县初中生英语学习风格调查研究 …………… 张　旭　陈　钧（192）
高中生英语学习力调查研究 ……………………… 曾令艳　陈　钧（198）
黔南州高中生英语自主学习能力与英语成绩的调查研究
　　　　　　　　　　　　　　　　　　　…… 何媛媛　陈　钧（202）
水族高中生和汉族高中生英语反思性学习能力差异
　调查研究 ………………………………………… 杨文兰　陈　钧（210）
初中生英语思辨能力与英语学业水平的关系研究 …… 王　麟　陈　钧（218）
初中生思辨能力倾向对英语成绩的影响研究 …… 陈明明　陈　钧（228）

第一部分

英语教师教育研究

专家型英语教师与新手型英语教师的英语课堂教学行为比较研究

武小霞[①]　陈　钧[②]

[摘要]　本文基于FIAS理论，以贵州省黔南州X高中专家型与新手型英语教师为研究对象，采取专家型教师和新手型教师同课异构的方式，以视频形式收集原始资料，借助FIAS就专家型和新手型英语教师在"师生话语比例""对学生直接影响学生和间接影响率"及"学生课堂参与率"三个维度对研究案例进行FIAS定量分析，结论显示：专家型教师在三个维度上与新手型教师存在显著差异。本文旨在通过比较新手型与专家型英语教师课堂教学，为新手型英语教师指出课堂中可能存在的问题，以提高英语课堂教学技能。

[关键词]　FIAS　专家型教师　新手型教师　课堂教学

一、引言

英语这门学科的教学目标从宏观上来讲起步于英语教学，过渡于英语教育，延伸于英文教育。为了完成这个过渡，我们需要发展在这个过渡中起主导作用的师资力量。因此，对专家型教师和新手型教师的对比研究很有价值和意义。新教学观提出教与学既相互独立又相互依赖，彼此以对方的存在为依据。教学不仅仅是教师教、学生学，更应该是师生相互交流、积极互动、共同发展的过程。它强调课堂教学不仅仅是注重结论的生成，更注重结论生

[①]　武小霞，黔南民族师范学院外国语学院2018级学科教学（英语）教育硕士研究生，研究方向：外语教学。
[②]　陈钧，黔南民族师范学院外国语学院教授，硕士研究生导师，研究方向：二语习得与外语教学。

成的过程。钟启泉[1]认为课堂需要互动，也就是指在教学中，教师不是一言堂的教，学生也不是被动的学。在这个过程中，教师应调动参与课堂教学过程的各个主要因素，围绕教育教学目标的实现，形成彼此间良性的交互作用。所以师生课堂语言互动方面的研究是很有意义的。另外对于课堂评价来说，由于传统方法对课堂宏观定性的分析已经不能达到对一节课系统科学评价的目的，所以像弗兰德斯互动分析系统这样可以准确、微观、定量研究一节课的方法就应运而生了。它对课堂中出现的事件进行"切片"分析，并且着重抓课堂活动中细化的教学过程。这使得整个教学环节可见，并且突出师生的互动交流过程。本文采用课堂观察的方法，对专家型教师和新手型教师的课堂教学行为进行课堂实录，再对录像资料进行定量分析，以期得到客观实证数据。目前，国外在此方面的研究有 Flanders[2]、Freiberg[3]等，其中有一篇硕士论文。国内在此方面的研究主要集中为专家－新手课堂案例对比研究，其中有高巍[4]、王一涵[5]、高东森[6]、武小鹏[7]等人归纳出新手型教师和专家型教师的课堂教学启示。

在人本主义理论、建构主义理论、可理解输入假设、可理解性输出假设与互动假设的指导下，本文试图对专家型教师和新手型教师从以下方面进行对比研究：第一，专家型教师与新手型教师在教师话语、学生话语和沉默与混乱方面的比率各是多少？第二，专家型教师与新手型教师直接影响学生和间接影响学生的比率各是多少？第三，专家型教师与新手型教师在学生课堂参与率上有什么不同？

二、研究方法

（一）研究对象

本文的研究对象为贵州省黔南州 X 高中专家型英语教师与新手型英语教师，所抽取的班级是高三年级的普通班，授课教师为一名专家型英语教师（教龄 15 年以上）和一名新手型英语教师（教龄 2 年），两位教师的课型为同课异构。

（二）研究工具

本文的以 FIAS 为基础，将课堂教学中师生互动语言做了详细的记录和编码，利用 FIAS 进行课堂视频编码统计分析。本文研究把英语课堂划分为三个维度：第一，教师话语、学生话语和沉默与混乱；第二，直接影响学生和间接影响学生；第三，学生课堂参与率，要求视频录制以真实的课堂教学环境为准。

1. FIAS

FIAS 把课堂语言互动行为分为三类：教师、学生和沉默（无有效语言活动）语言行为。三种类型又细化为 10 种表现形式，分别用编码 1~10 表示（见表 1）。[8]

表 1　FIAS 及其解释

类别	编码	内容	简单解释
教师语言（间接影响）	1	表达情感	正确对待学生的情感需求，明确对学生的态度，教师表达与学生的共情。
	2	鼓励表扬	以语言的方式表扬或鼓励学生的行为，缓解气氛或表达幽默
	3	采纳意见	肯定或重复学生的意见，在此基础上做进一步扩展、延伸
	4	提问	基于课堂内容方面的问题向学生提问，引发学生思考，期待学生回答
教师语言（直接影响）	5	讲授	提供与课程有关的事实和观点，表达自己的见解，做出解释或援引权威（非学生）的看法
	6	指令	教师通过语言要求学生做出某些行为，发出学生能够遵从的指令
	7	批评维权	为纠正或改进学生的课堂行为而批评学生，维护权威，改变学生行为
学生语言	8	应答	学生对教师的发言做出应答性反应，在有限范围内封闭回答问题
	9	主动	学生自由地提出意见和想法，内容不一定在教师限定范围之内
无效语言	10	无声语言	学生讨论、学生记录、学生操练、学生静思、教师示范、无效状态

2. FIAS 规定标准

FIAS 在课堂编码过程采取取样编码的形式，也就是说在一节课 45 分钟中，每三秒取样一次，目的是对每三秒内课堂教学的行为事件按表 1 的规定做出一次选择，并把选择的编码记录下来作为观察记录的结果。按照这种编码方式，45 分钟的一堂课大约可记录超过 800 个的编码数字串，这些数字串代着这节课堂上按时间顺序发生的教学行为事件，而且每个事件均占据一个小小的时间区间，这些区间放在一起可以先后连接成一个时间序列。通过这个时间序列可以分析出本课的课堂话语量、教师风格与倾向、课堂情感气氛和课堂提问模式等。

3. FIAS 矩阵表格

在 FIAS 的数据统计中，数据是以矩阵表格的形式呈现的，该矩阵表格由 10×10 的对称矩阵构成。填写矩阵的规则是按照编码出现的顺序，每个编码前后相继出现两次第一个和一次最后一个。在形成分析矩阵时，每次需要从编码后的数据序列中取出依次相邻的两个数据作为一对，其前一个数据代表行，后一个数据代表列，然后把相同的序对进行统计，将统计结果的频次填写在 10×10 的矩阵中。比如图1形成的数据对是（5，5）、（4，4）、（4，5）、（5，5）、（5，4）、（4，4）、（4，3）、（3，4）、（4，3）。

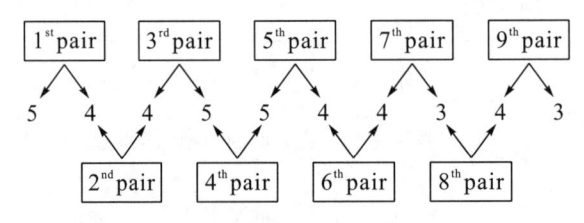

图1 数据对形成示意图

4. 数据收集与分析

分别录制专家型教师和新手型教师同课异构课共两节，用 FIAS 对每堂课进行编码。绘制出教师语言、学生语言、沉默语言的动态对比图，分析完后，研究者对上课教师和学生进行抽样访谈，教师利用沃森的刺激－反应方法进行访谈，目的是了解教师发出当时课堂语言或行为的心理活动。每班抽取10个学生进行访谈，目的是获取更多更深入的信息，确保视频数据分析的真实性。

三、结果与讨论

（一）矩阵分析

1. 教师话语、学生话语和沉默话语

在 FIAS 编码中 1~7 列编码代表教师语言。1~7 列数据的频次总和与总频次的比代表教师语言比率，8~9 列编码代表学生语言。8~9 列数据的频次总和与总频次的比代表学生语言比率。第 10 列编码代表沉默与混乱（无效语言）的状况，第 10 列数据的频次总和与总频次的比即为学沉默与混乱比率，贝莱克经过大量研究建立了常规课堂语言常模，他的研究结论与罗杰斯具有一致性。

从表 2 中可以明确地看出，ET 矩阵图的课堂教师教学语言行为占课堂语言行为的 39.11%，而学生语言行为占整节课的 30.44%，学生主要主动回答教师的问题和提出自己的观点。学生沉默与混乱的行为占到了 30.45%，这些时间包括学生讨论、练习、思考、记笔记的时间，还有教师的板书、个别单独辅导的时间。ET 矩阵图用了大量的时间让学生思考、练习，属于一种以学生自主探究为主、教师引导参与为辅的课堂。表 3 中，NT 矩阵图的教师教学语言行为占课堂语言总量的 49.01%，学生语言占课堂语言总量的 22.77%，沉默与无效行为仅占 28.22%，这属于教师主控型的以知识传递为主的课堂。

表 2　ET 矩阵图

类别	1	2	3	4	5	6	7	8	9	10	合计
1	5	1	5	9	4	1	—	2	2	—	29
2	1	—	—	5	3	1	—	4	1	—	15
3	3	3	14	9	5	3	—	6	3	2	48
4	4	1	8	32	4	5	—	18	11	10	93
5	3	—	—	14	66	3	—	5	1	3	97
6	—	—	1	2	6	15	—	1	—	10	35
7	—	—	—	—	—	—	—	—	—	—	—
8	7	7	14	5	3	1	—	143	2	5	187
9	3	3	4	8	1	—	—	2	38	—	59
10	3	—	2	9	4	4	—	6	1	216	245
合计	29	15	48	93	96	35	7	187	59	246	808
%	3.59%	1.86%	5.94%	11.51%	11.88%	4.33%	0%	23.14%	7.30%	30.45%	
—		22.90%			16.21%			30.44%		30.45%	100%
总和			教师说话总和					学生说话总和		安静	—

表3　NT矩阵图

类别	1	2	3	4	5	6	7	8	9	10	合计
1	4	1	—	2	4	1	—	1	—	—	13
2	1	8	3	2	8	—	—	1	1	2	26
3	—	—	5	5	5	2	—	3	—	1	21
4	2	6	5	77	6	6	—	23	1	3	129
5	4	10	7	18	91	6	1	6	—	5	148
6	7	5	—	6	6	22	—	3	—	6	55
7	1	2	—	—	—	1	—	1	—	—	5
8	2	14	6	9	8	1	1	137	1	1	180
9	—	—	1	—	—	—	—	2	—	—	3
10	—	2	—	5	3	4	—	4	—	210	228
合计	21	48	27	124	131	43	2	181	3	228	808
%	2.60%	5.94%	3.34%	15.35%	16.21%	5.32%	0.25%	22.40%	0.37%	28.22%	—
—		27.23%			21.78%			22.77%		28.22%	100%
总和		教师说话总和						学生说话总和		安静	—

相较而言，在教师语言比例上NT语言比例略高，但都低于贝莱克与罗杰斯的研究结果，这说明两位教师都有将话语权交给学生的倾向，只是ET矩阵图的表现比较明显。在学生语言上，ET矩阵图略高于NT矩阵图，ET矩阵图在课堂中，学生主要是主动回答问题。在沉默与无效行为中，ET矩阵图明显高于NT矩阵图，ET矩阵图给学生留有足够的思考空间和探索讨论的时间，学生的主导权得到了发挥，在这一方面，ET矩阵图明显优于NT矩阵图。

2. 直接影响和间接影响比率

FIAS将教师的课堂语言分直接语言和间接语言。1～4组编码所代表的控制方式是间接的，主要包括对学生态度和情绪的影响，主要行为有情感表达、鼓励表扬、交流交谈、肯定学生和提问等。而5～7组编码所代表教师的控制方式是直接的，主要包括对学生的直接要求和干预，主要行为有讲授、指令、批评和维护权威。根据表2，ET矩阵图直接语言比例占16.21%，间接语言比例占22.90%。根据表3，NT矩阵图直接语言比例占21.78%，间接语言比例占 27.23%。相较而言，在教师语言中，ET 矩阵图更习惯用间接语言，而 NT 矩阵图用直接语言相对多一些。间接语言在一定程度上体现着教师的教学素养、教学智慧和教学水平。常规课堂中教师与学生语言比两位教师在间接语言比例上的差异比较明显地体现出他们的教学风格和倾向。

3. 学生的课堂参与率

第 8、9 行与第 8、9 列交叉的区域代表学生的课堂参与量，该数据区域的频次总和与总频次的比为学生的课堂参与率，这个比例可以反映学生在教学过程当中参与度的多少。

可以看出在 ET 矩阵图（见表 2）的课堂中，学生的课堂参与总频次是 185，课堂参与率是 22.90%；NT 矩阵图（见表 3）的课堂中，学生的课堂参与总频次是 140，课堂参与率是 17.33%。这说明 ET 矩阵图的课堂学生的参与率高于 NT 矩阵图的课堂学生参与率，专家型教师在课堂上起到了课堂的引导者和组织者作用；并意识到在课堂教学中教师应重视学生对知识过程的学习，多把注意力放在提高学生主动参与课堂的动态学习过程上，鼓励学生多动手、多动脑、多动口。专家型教师把课堂还给学生，通过学生的主动思考去解决问题、获取知识。而新手型教师在这方面做的稍微逊色。这可能跟新手型教师对课堂把控能力不强，不敢完全放手课堂让学生参与有关。

（二）动态曲线比较分析

1. 教师语言分析

教师语言动态特征曲线对比图清晰地反映了两位英语教师的语言变化特征。图 2 中 NT 教师的教学语言在一节课中出现了七次高峰，并且在第六次几乎接近 100.00%，教师语言也一直保持在较高的比例。高峰的出现说明课堂基本都以教师的讲授为主。NT 教师的教学语言有三次低谷，数值降至 15.00% 以下，学生主要是在做练习。而在 ET 的课堂中，教师和学生的语言交替出现，ET 有八次统计比例在 50.00% 以下，并且有两处接近 5.00%。通过视频可以发现，学生主要是在教师引导下讨论问题，由此可以看出 ET 教师和学生做了有效的课堂互动，并且给学生留了思考问题的空间。

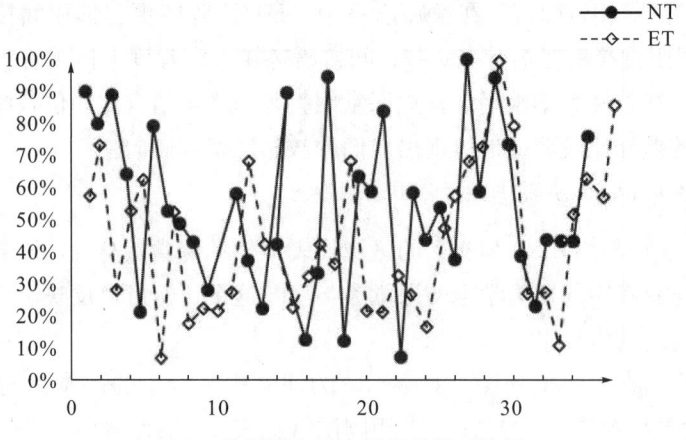

图 2　教师语言动态特征曲线对比图

2. 学生语言分析

从图 3 来看，两位老师的课中学生语言都出现了很多次波动，但是 ET 的波动幅度更明显。大幅度的波动说明学生课堂语言更加丰富并且持续时间比较长；而小幅度的波动，尤其是较低水平的小幅波动，说明学生课堂语言单一，而且持续时间短，这说明学生在大多数时间里都是在被动地应答教师提出的各种封闭式问题。NT 曲线有七次统计比例较低，说明学生在一段时间内没有任何语言行为，学生在这段时间里在独立阅读课文。比较而言，ET 的学生在英语课堂上表现出了较为积极的语言特征，回答问题比较积极。而 NT 的学生语言相对较少，甚至在一段时间内没有学生语言，表现为语言单一，并且回答问题多为被动应答。

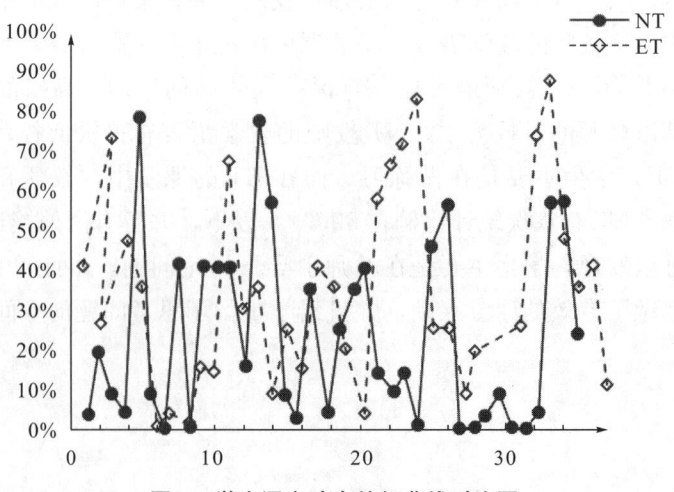

图 3　学生语言动态特征曲线对比图

3. 沉默与混乱分析

图 4 表明，在沉默与混乱方面，ET 曲线出现了三次大的波动，这说明学生在此期间有相对足够的思考、探索空间。而 NT 曲线在前 11、13、15、18、21 分钟出现了很小幅度的波动，说明在这一段时间里，学生几乎没有时间独立思考，都处于听讲和表达中。随后 NT 曲线又多次达到了很高的比例，说明在这段时间里，既没有出现教师的引导语言，也没有出现学生的交流和表达语言，课堂气氛相对沉闷。比较而言，在课堂的留白上，ET 曲线分配更加合理，学生能够在听讲和表达之后进行独立思考和探索问题，进而更深入地分析问题和讨论问题。而 NT 则没有给学生时间思考和讨论，可能出现灌输知识的现象。

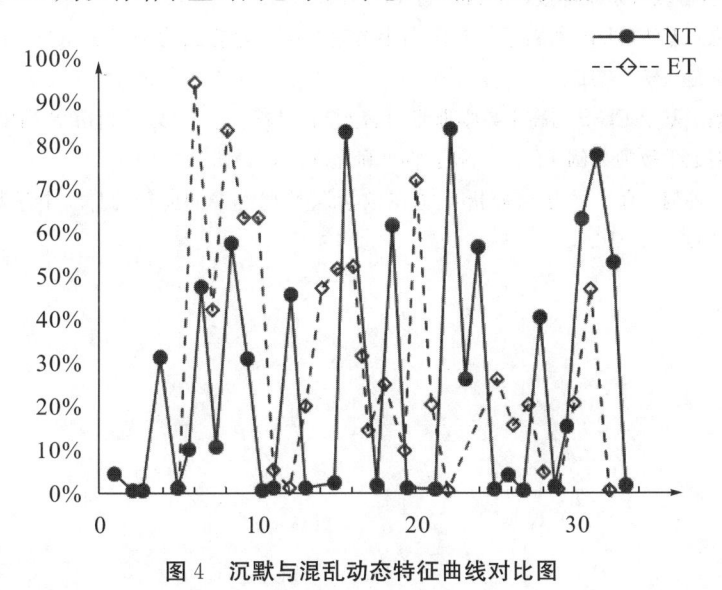

图 4 沉默与混乱动态特征曲线对比图

四、结论与启示

本文的研究利用 FIAS 进行数据统计分析，对少数民族地区高中英语课堂师生语言互动进行了分析，研究发现贵州省黔南州某高中专家型教师和新手型教师在课堂话语量、教师风格与倾向、学生课堂参与率、课堂情感气氛、课堂提问模式和课堂教学稳定性等方面均存在差异。虽然本文的研究调查选择范围较小，样本量不够大，规模较小，外加 FIAS 亦存在的不完善性，导致研究存在一定的局限性，但研究的客观数据分析对新手型教师改进自己的教学，提升英语教师课堂教学品质和实现新手型英语教师专业化发展具有一定的参考性价值。

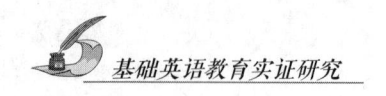

参考文献：

[1] 钟启泉. "课堂互动"研究：意蕴与课题[J]. 教育研究，2010，31（10）：73-80.

[2] Flanders N A. Intent, Action and Feedback: A Preparation for Teaching[J]. Journal of Teacher Education, 1963, 14(3): 251-260.

[3] Freiberg H J. Three Decades of The Flanders Interaction Analysis System[J]. The Journal of Classroom Interaction, 1981, 16(2): 1-7.

[4] 高巍. 课堂教学师生言语行为互动研究[J]. 教育研究与实验，2009（5）：43-49.

[5] 王一涵. 中学英语专家教师与新手教师课堂语言比较——基于Flanders互动分析系统[J]. 长春教育学院学报，2014，30（12）：73-74.

[6] 高东森. 基于FIAS的新手—专家高中英语教师课堂言语行为对比研究[D]. 兰州：西北师范大学，2013.

[7] 武小鹏. 基于FIAS的高中数学课堂语言互动比较研究——以兰州市X高中专家型与新手型数学教师为例[D]. 兰州：西北师范大学，2015.

[8] 张超，葛洵. 弗兰德互动分析系统在数学课堂观察中的应用[J]. 中学数学月刊，2013（9）：12-16.

民族地区英语教师身份认同现状与文化教学反思

蒙璐[①] 李茹[②]

[摘要] 英语教师身份认同是指英语教师对英语、英语教学的信念，以及其对所承担的社会文化角色的确认和认同。国内外相关研究表明，教师身份认同能够对其教学和专业发展产生影响。本文的采用方便抽样的方法选择黔南州8所中学共183名英语教师作为研究对象，发现存在教师身份认同水平较高，然而在教学中民族文化植入倾向低的现象。针对此现象，本文分析其产生原因并对民族地区英语课堂文化教学提出建议。

[关键词] 身份认同　英语教师　文化教学

一、引言

英语教师身份认同是指英语教师对英语、英语教学的信念及其对所承担的社会文化角色的确认和认同。[1][2][3]国内外相关研究表明，教师身份认同能够影响其教学和专业发展。教师作为影响学生学习的主要因素，其教学理念、教学方法、身份认同等均会对学生学习产生直接影响。对于教师身份认同，李茂森认为是个性自我和社会自我的结合。所以说，教师的专业身份认同容易受到个体认知、情感态度和价值观念等的影响。[4]而语言是文化的载体，在弘扬民族文化呼声渐高的今日，英语教师作为影响学生学习的重要因素，肩负的不仅仅是教授学生语言知识，还有传承和发扬优秀的民族文化，实现中国文化输出

---

① 蒙璐，黔南民族师范学院外国语学院2016级学科教学（英语）教育硕士研究生，研究方向：外语教学。
② 李茹，黔南民族师范学院外国语学院教授，硕士研究生导师，研究方向：社会语言学与外语教师教育。

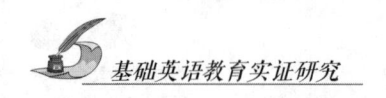

的重任。因此，探究英语教师的身份认同就能够了解英语教师真实的内心情感，倾听一线英语教师对我国英语教育的看法，为我国少数民族地区英语教学带来一些思考。

查阅近十年相关文献发现，我国关于英语教师身份认同的研究明显少于国外且多数研究重点均为大学教师的专业认同、文化认同及教师发展等，鲜有关于少数民族地区中学英语教师身份认同的研究。因此，本文试图分析在民族地区的社会环境下英语教师身份认同的现状并分析其原因。

二、研究设计

为确保研究的科学性和严谨性，本文采用定量与定性相结合的方法开展研究。其中，定量研究采用了问卷调查的形式收集数据，运用SPSS 16.0对数据进行处理分析。定性研究则选用半结构化访谈的方式对研究对象进行深度访谈，最后通过主题分析得出结论。

（一）研究对象

由于研究资金与研究时间的限制，本文的研究采用方便抽样的方法，对黔南州的麻尾镇、独山县、基长镇、平塘县、三都县、荔波县、都匀市等地选取8所中学共183名英语教师为研究对象，共收回174份有效问卷。在征得同意后，对5名教师进行了半结构化访谈。

（二）研究工具

第一，调查问卷。研究所用的问卷主要参考寻阳[5]设计的高中英语教师身份认同调查问卷［该问卷内在一致性系数Cronbach α达到0.920，KMO值（检验统计量）为0.83］。结合游贝贝[6]设计的黔南大学生民族认同量表［该问卷内在一致性系数Cronbach α值为0.86，KMO值（检验统计量）为0.85］，最终形成少数民族英语教师身份认同调查问卷，其内在一致性系数Cronbach α值为0.94，具有良好的信度和效度。访谈问卷则根据研究问题进行设计，最后请教专家进行修订。该问卷将寻阳划分的四维度八因子进行了部分修改，在个人身份认同维度下加入了民族划分（如图1）。

```
教师身份认同 ─┬─ 职业身份认同 ─┬─ 职业价值观
              │                └─ 职业归属感
              ├─ 专业身份认同 ─┬─ 英语教学信念
              │                └─ 英语语言水平
              ├─ 个人身份认同 ─┬─ 工作投入
              │                ├─ 职业行为倾向
              │                └─ 民族划分
              └─ 处境身份认同 ─┬─ 组织支持感
                               └─ 教改态度
```

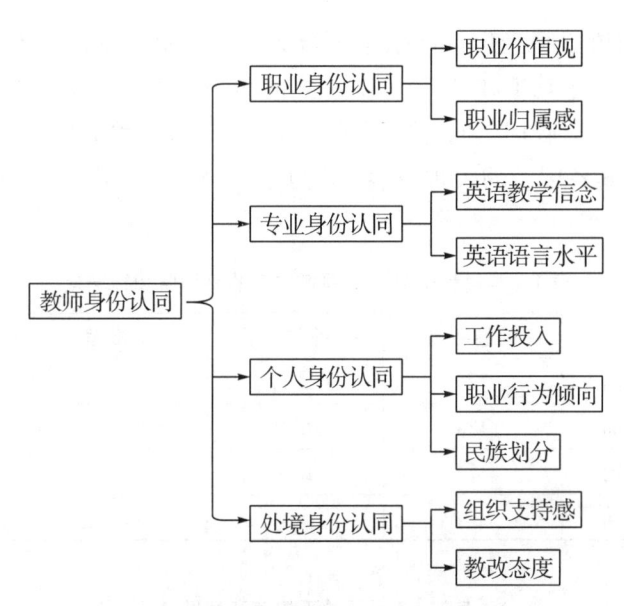

图 1 英语教师身份认同的维度及因子结构图

在寻阳所设定的英语教师身份认同的维度及因子结构中，专业身份认同、职业身份认同、个人身份认同、处境身份认同这四个维度相互作用。

第二，半结构化访谈。笔者用手机将五位老师的谈话分别录音保存，谈话内容紧紧围绕访谈问卷设计内容，其中包含本文的研究问题及理论框架，结合教师工作经验等探讨其对教师身份的理解。

（三）数据分析

采用 SPSS 16.0 统计软件对收集的 174 份调查问卷的数据进行统计分析，得出黔南州少数民族英语教师身份认同的总体情况和各个因子的表现。对访谈数据，笔者转写后将访谈内容进行主题分析，了解教师对于其教师身份的主观看法。

三、结果分析

（一）黔南州中学英语教师身份认同水平的统计分析

本文所用调查问卷为李克特五级量表，其中，5 表示非常赞同，4 表示一般赞同，3 表示不确定，2 表示不太赞同，1 表示不赞同。根据 Oxford 的分类标准，英语教师身份认同水平可分为三个等级：平均值在 1.00~2.49 之间为低水平，平均值在 2.50~3.49 之间为中水平，平均值在 3.50~5.00 之间为高水平。对收回的问卷进行描述性统计分析，教师身份认同各维度的表现见表 1，其各因子的表现见表 2，为方便分析，表格内的均值均为递减排序。

表 1 英语教师身份认同各维度的平均值和标准差

维度	问卷数量	平均值	标准差	水平
专业身份认同	174	4.32	0.44	高
职业身份认同	174	4.21	0.55	高
个人身份认同	174	4.10	0.56	高
处境身份认同	174	4.04	0.63	高

表 2 各因子的平均值和标准差

因子	平均值	标准差	水平
英语教学信念	4.46	0.48	高
职业价值观	4.44	0.46	高
教改态度	4.31	0.62	高
工作投入	4.26	0.56	高
职业行为倾向	4.22	0.54	高
英语语言水平	4.08	0.58	高
职业归属感	3.90	0.87	高
组织支持感	3.88	0.79	高
民族划分	3.86	0.76	高

从表 1 可以看出，英语教师身份认同各维度平均值均处于 3.50~5.00，说明教师身份认同水平较高。表 2 显示，各因子的平均值都同样处于 3.50~5.00，属于较高水平，其中，英语教学信念因子是各因子平均值中最高的，民族划分因子是各因子平均值中最低的。

（三）访谈结果

笔者将整理后的访谈内容进行主题分析后认为：第一，教师是极为重要的角色；第二，教师对民族身份并无差别意识；第三，虽然处于少数民族地区，但教师在课堂教学中植入少数民族文化比较困难；第四，教师的文化意识能够影响其教学行为。

四、讨论与建议

（一）黔南州中学英语教师身份认同现状

1. 英语教师身份认同处于较高水平

本文研究的数据结果表明，不论是从各个维度还是从因子上看，黔南州中学英语教师的身份认同水平普遍较高，说明教师对他们的职业、专业水平和素养表示肯定，积极支持国家英语教学改革，对其所处工作环境感到满意。从访谈的结果来看，五位教师都表示对其教师的身份非常满意和自豪，对学生也保持着较高的责任感，课后能够不断反思自己的教学。

2. 民族文化的高认同低投入现象

通过表 2 可以发现，虽然民族划分因子的平均值同样处于高水平阶段（平均值为 3.86），但在所有因子的平均值中却是最低的。笔者通过访谈发现五位教师均表示少数民族文化非常吸引人，他们明白少数民族文化的重要性，但在课堂教学中进行文化植入是十分困难的。

第一，教学条件限制。中学面临升学的压力，教师的教学进度受到严格的限制，因此教师为了平衡各班教学进度，采用同课异构的方法实施教学。通常情况下同学科的教师一同讨论教材，设计不同的教案，最终以最优秀的教案为模板，根据自己的理解重新设计课堂教学。虽然这样的方法提高了教学效率，但严格限制了教师的教学思维。受访教师表示 45 分钟的课堂时间除了教师讲授重点知识，其余时间让学生进行交流和练习，几乎没有多余的时间提及少数民族文化。因为在升学的压力下，一线教师的注意力都放在如何提高学生成绩上。此外，黔南州统一使用人民教育出版社出版的英语教材，其中关于少数民族文化的内容极少，教师在如此紧张的教学时间内实在难以抽出时间另外讲授少数民族文化的内容。

第二，教师民族文化意识相对薄弱。受访教师表明如果一位教师极其热爱少数民族文化，那么他的热爱就极有可能体现在其教学上，然而多数的教师并没有这样的热情。虽然教师的身份认同能够影响其教学行为和专业发展，但根据社会认知论的观点，个体的行为是由环境、行为和人三种变量相互作用决定的。因此，尽管教师在民族划分因子上处于高认同的水平，但受到环境和社会评价等因素的影响，在条件受限制时，教师极有可能在内心上对某事物表示认同，然而行为上会选择更为有利的和有效的方式。这也说明教师民族文化意识的薄弱并不归于教师本身的认知、信念和动机，而是与其所处环境、外界评价等因素有关。

（二）对文化教学的反思及建议

文化是一个民族进行长期社会实践的产物，是这个民族内在精神的载体，也是区别于他族的重要特性。我国是统一的多民族国家，每个民族都有自己独特的历史和优秀的文化，有的民族还有自己独特的语言和文字，然而在历史长河中，民族大融合带来和谐的同时，有些民族的文化也正在消失，因此，保护民族文化人人有责。

第一，教师作为影响学生学习的重要因素，其行为意识能够直接作用于学生。从本文得出的研究数据和结论来看，教师在少数民族文化意识上相对其他方面较薄弱，教师虽然意识到了少数民族文化的重要性，但在紧张的教学条件下，少数民族文化教学被弱化。因此，教师应提高自身的文化自信，增强民族认同感及文化认同感，以身作则，让自己对少数民族文化的热情感染学生，善于在课堂上利用学生熟知的少数民族文化作为实例，引导学生逐渐实现文化输出的目的。

第二，教师所处环境对教师身份认同的构建也起着极其重要的作用。学校作为教师的工作场所，学校的办学理念、教学管理等均会对教师的教学行为产生影响。因此，民族地区的学校更应当重视特色文化教学，从管理上注重培养教师及学生的文化自信，在日常生活中感染教师和学生。

第三，教材是教学的基本要素，也是学生学习知识最直接的渠道。当前，国家高度关注中小学英语教材建设的话题。少数民族地区英语教材过于单一，鉴于升学的压力或资源的匮乏，针对本土文化设计的中学英语教材较少。当地教育部门应积极组织专家和一线教师进行开发和编制符合当地特色及学情的中学英语教材。

第四，民族地区中学英语课程应以彰显其民族文化要素为特征，教学评价应增加民族文化的相关内容，使民族地区真正在英语教学上突出民族地区区域自治的特性，让民族文化从内而外感染教师及学生，从而达到民族文化传承及发扬的目的。

参考文献:

[1] Varghese M, Morgan B, Johnston B, et al. Theorizing Language Teacher Identity: Three Perspectives and Beyond[J]. Journal of Language Identity and Education, 2005, 4(1): 21−44.

[2] Richards J C. Second Language Teacher Education Today[J]. RELC Journal, 2008, 39(2): 158−177.

[3] 寻阳. 从教师身份认同看我国英语教师的专业发展——基于中学教师的实证研究 [J]. 当代教育科学, 2015 (12): 35−38.

[4] 李茂森. 教师身份认同的影响因素分析 [J]. 教育发展研究, 2009 (6): 44−47.

[5] 寻阳. 我国高中英语教师身份认同研究——以山东省不同年龄背景的教师为例 [D]. 上海: 上海外国语大学, 2012.

[6] 游贝贝. 黔南大学生民族认同量表编制 [J]. 中国校外教育, 2016 (31): 169−171.

民族地区中学英语教师科研能力调查研究

陈添添[①]　李茹[②]

[摘要] 教师科研能力被认为是教师职业发展的关键因素。本文对160名民族地区中学英语教师的科研能力做了问卷调查。通过对数据进行描述性统计和相关分析，本文发现民族地区中学英语教师的科研能力处于较低水平或停滞状态，影响因素包括教师因素（科研态度、科研知识等）、环境因素（科研学校支持等）。科研成了不可忽视的重要方面。基于调查结果，笔者提出相应提升教师科研能力的方法与建议，以期对民族地区中学英语教师的专业发展带来帮助。

[关键词] 民族地区　英语教师　专业发展　科研能力

一、引言

《国家中长期教育改革和发展规划纲要（2010—2020年）》指出："教育大计，教师为本。"[1]要把加强教师队伍建设作为教育事业发展最重要的基础工作来抓，充分信任、紧密依靠广大教师，努力造就一支师德高尚、业务精湛、结构合理、充满活力的高素质专业化教师队伍。教师队伍的建设离不开教师自身的专业发展。教师在专业发展过程中很大程度地受到科研能力的制约。科研能力通常指教师在日常教学活动中，通过教学实践结合理论知识对所遇到的教学难题进行反思与总结的能力。通常教师的科研能力会受外部因素与内部因素影响，外部因素包括科研环境、科研学校支持等，内部因素包括科研知识、科研态度等。

---

① 陈添添，黔南民族师范学院外国语学院2017级学科教学（英语）教育硕士研究生，研究方向：外语教学。

② 李茹，黔南民族师范学院外国语学院教授，硕士研究生导师，研究方向：社会语言学与外语教师教育。

有研究表明，教学质量与教师的科研能力紧密相连、相互促进。随着时代的发展，教师的角色也在转变，教学应与科研齐头并进。鉴于少数民族地区英语教学质量的薄弱现状，笔者从了解英语教师科研能力的角度出发，分析影响教师科研的内外因素，以期对少数民族地区中学英语教师的专业发展提供现实参考。

本文主要探讨以下问题：第一，民族地区中学英语教师构成现状如何？第二，民族地区中学英语教师科研能力现状如何？第三，影响民族地区中学英语教师科研的因素有哪些？

二、研究方法

本文的研究选取了黔南州某市县五所少数民族及非少数民族学校。共发放问卷160份，回收问卷153份，有效问卷149份，并对这些学校的部分老师进行了访谈。调研访谈共15人次，调查对象基本情况，分析此次调查，共访谈人9次，其中访谈对象为校领导的有3人，访谈对象为骨干教师的有5人，访谈对象为普通教师的有7人。本问卷共设计29个问题，在问题的设置上围绕教师的科研行为、科研能力自评、科研学校支持、科研态度四个维度，在每个问题的设置上用李克特五级量表，每题设有"完全不同意"（1分）到"完全同意"（5分）五个选项，收录的数据通过SPSS 16.0进行数据分析。本问卷的信度结果显示，Cronbach α 值为0.84，说明量表的信度达到可以接收的水平。

三、研究结果与分析

（一）教师结构变量分析

民族英语教师的构成具体信息通过描述性统计呈现，显示样本总量在性别、民族、专业、年龄、教龄、学历等情况方面均比较合理，教师的构成具有一定的代表性。从现状上看，少数民族教师居多，男性英语教师所占比例较低，其中部分英语教师存在非专业现状，说明少数民族地区师资配比不合理。从年龄层次上看，年轻英语教师成了教育队伍里的主力军。在教师的学历结构上，本科学历的教师所占比重较大，专科学历的教师亦有不少，研究生学历的教师也开始出现，说明教师在学历与自我提升的需求上仍存在提升空间（见表1）。

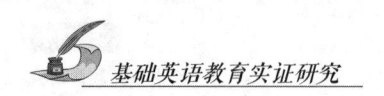

表 1　教师构成情况

(单位:%)

性别		民族		专业		年龄		教龄		学历	
男	31.50	少数民族	50.30	英语	77.90	青年	46.30	青年	40.90	研究生	2.00
女	68.50	汉族	49.70	非英	22.10	中年	35.60	中年	45.00	本科	74.50
—		—		—		老年	18.10	老年	14.10	大专	23.50

(二) 教师科研状况

汉族教师在科研行为、科研能力自评、科研态度方面要强于少数民族教师。但是少数民族教师在科研学校支持方面比汉族教师得到的支持力度更大，这一现象符合了少数民族政策的倾向性。从男女教师科研现状上看，只有在科研能力自评上男教师高于女教师。[2] 从教龄上看，因工作经验不断积累，老年教师有更高的科研行为平均值，在科研能力自评的平均值上也更强，得到学校的支持也更多。同时老年教师在科研态度上也远高于中青年教师，该现象符合老年教师对自我理想实现、评职晋级追求的现实需要。其中值得注意的是，中年教师的科研态度不及青年教师与老年教师，该现象与教师职业发展的停滞期现象相吻合（见表2）。

表 2　教师科研水平现状

型别		科研行为		科研能力自评		科研学校支持		科研态度	
		平均值	标准差	平均值	标准差	平均值	标准差	平均值	标准差
民族	汉族	3.53	0.50	3.59	0.49	3.29	0.69	3.85	0.58
	少数民族	3.44	0.52	3.43	0.57	3.35	0.73	3.84	0.75
性别	男	3.42	0.41	3.59	0.48	3.39	0.55	3.69	0.61
	女	3.51	0.55	3.47	0.56	3.29	0.78	3.91	0.69
教龄	青年	3.48	0.57	3.46	0.56	3.21	0.81	3.89	0.66
	中年	3.44	0.41	3.54	0.47	3.36	0.59	3.74	0.60
	老年	3.62	0.63	3.55	0.68	3.50	0.71	4.03	0.89

(三) 影响教师科研的因素

教师专业发展离不开科研，影响教师科研的因素分为内部因素与外部因素。从表 3 可知,在科研行为、科研能力自评、科研学校支持、科研态度上显著性 p 值均小于 0.05 且相关性系数分别为 0.81、0.75、0.79、0.74。也就是说,它们对教师的科研水平影响呈正相关关系。外部因素中的科研行为与科研学校支持的相关性系数均大于内部因素中的科研行为与科研态度的相关性系数,由此推断教师的专业发展除了自身的努力外同样离不开外部环境的支持。

表 3　影响教师科研的因素

类别	相关性系数
科研行为	0.81**
科研能力自评	0.75**
科研学校支持	0.79**
科研态度	0.74**

注:** 代表相关性在 0.01 水平显著。

四、建议

(一) 加快提高英语教师科研能力是教师专业发展的关键

教师专业发展是学校专业建设和发展的重要基础,主要是指教师个体专业不断发展的过程,也是指教师不断接受新知识、增长专业能力的过程。教师要成为一个成熟的专业人员,需要通过不断的学习与探索来拓展专业内涵、提高专业水平。然而教师的发展过程中至关重要的一环便是培养自身科研能力。新课程改革对中学英语教学提出了更高的标准和要求,教师要有自主发展的意识或向研究者转变时,要有良好的自主积累习惯,将已有的知识结构与新知识更好地兼容,完成新知识的积累过程。有学者指出中小学教育科研以应用研究和微观研究为主,是一种教学研究;要以行动研究为主,就是一种校本研究。这是中小学教育科研科学定位的普遍原则,同样适合中小学英语教育科研。中学英语教师的科研能力的培养具有现实意义,日常的教学活动为教师开展科研提供现实的科研资源,科研行为能为良好的教学活动提供指导与反馈。

(二) 帮助英语教师提高科研意识的培养和支持

教师的科研能力受到诸多现实因素的影响,其中主要因素包括社会因素、教师自身因素、评价激励因素。在社会因素方面上,少数民族地区的英语教师无论是在数量上还是在质量上都存在严重不足，日常教育工作中教师所处环境缺乏科研氛围，多数教师仅把精力投入在教学工作上，对于科研知识知之甚少，科研意识薄弱。走访后发现少数民族地区中学英语教师普遍存在职业倦怠的心理现象，导致年轻教师想学习无人教、年长教师不想再去探索新知识。这就导致英语教师自我提升的意识极度薄弱，在一定程度上对教师的科研能力产生了消极的影响。

（三）正确评价英语教师专业发展水平

教师的专业发展常常会受到外部因素与内部因素的共同作用，内部因素源于教师对专业知识的学习、对教学经验的积累等自我反思与内化；外部因素源于教师专业发展过程中得到的支持与正确的评价。由此，教师是否能达到正确合理的评价对他们自身专业发展影响重大。教师得到的评价不应只以教学成绩论成败，其科研行为也应得到认可，将科研与教学都应该放在同等重要的位置。科研不只是纸上谈兵，通常科研行为源于教学的实际需求，教学效果反馈科研成效。新时代下的英语教师将勇于面对职业发展与个人发展、科研与教学等议题，教师由工匠型人才走向复合型人才将成为大势所趋。

参考文献：

[1] 中华人民共和国教育部. 国家中长期教育改革和发展规划纲要（2010—2020年）[EB/OL]. (2010-07-29)[2019-02-01]. http://www.gov.cn/jrzg/2010-07/29/content_1667143.htm.

[2] 陈琳. 语言学习中的性别差异：表现、原因与思考 [J]. 解放军外国语学院学报，2014，37（3）：36-43.

民族地区中学英语教师自我效能感现状调查

张 粲[①]　曾德艳[②]

[摘要] 本文采用问卷及访谈的方法对黔南州地区多所学校的 60 名中学英语教师自我效能感现状进行调查，对 5 人进行访谈。分析数据发现，中学英语教师在课堂组织和管理、师生互动与情感态度及文化意识方面的自我效能感、教材处理呈现较好水平，而学生参与方面的自我效能感相对其他几方面处于较低水平，说明在课堂上学生的参与度不高。通过相关分析得出中学英语教师的年龄、教龄和职称与教师自我效能感之间呈正相关，工作单位与教师自我效能感呈负相关。针对教师自我效能感存在的问题提出了相关建议，希望对民族地区的教师及英语教育有一定的帮助。

[关键词] 民族地区　英语教师　教师自我效能感

自我效能感是美国心理学家班杜拉（Bandura）于 1977 年提出的。近些年来，相关学者通过不断深入对教师的研究，发现教师的自我效能感对教师与学生都有关键的影响。教师的自我效能感越高，他们的自信心也越高。而作为教师发展的重要内驱力，教师的自我效能感也成为教学中的关键。因此，增强教师自我效能感的任务不能被忽视。

一、我国中学教师自我效能感的重要性

《国家中长期教育改革和发展规划纲要（2010—2020 年）》的颁布推动了我国教育事业的发展。《国家中长期教育改革和发展规划纲要（2010—2020

[①] 张粲，黔南民族师范学院外国语学院 2017 级学科教学（英语）教育硕士研究生，研究方向：外语教学。

[②] 曾德艳，黔南民族师范学院外国语学院 2017 级学科教学（英语）教育硕士研究生，研究方向：外语教学。

年)》明确提到要加强教师队伍建设,建设高素质教师队伍,加强师德建设,提高教师的业务水平,提高教师地位待遇,提高中小学教师队伍的整体素质。而教师的自我效能感是一种内在的主观判断与感受,也是教师对自身教学能力的感知与评价。它也是教师自主发展的重要内在动力机制及自主专业发展的关键因素。[1][2]有关教师自我效能感的研究,能帮助教师更好地了解自我,提高教师的教育能力,从根本上促进教师的专业化成长,从而提高教育质量。[3]本文基于教师自我效能感在教师自主发展中及教学中的重要性和价值性,为中学英语教师提供一些建议。

Mina 和 Sholeh 对外语教师的工作满意度、自我效能感及幸福感三者之间的关系进行了研究,得出教师自我效能感与工作满意度和幸福感之间无显著差异,而工作满意度和幸福感之间呈负相关。[4]Kalil、Hamid 及 Mona 研究了外语教师倦怠和自我效能感之间的关系,发现自我效能感与教师倦怠之间呈负相关,教师倦怠与年龄存在显著相关性。[5]刘萍对大学英语教师的自我效能感和职业倦怠的关系进行了研究,对提高大学英语教师的自我效能感及改善职业倦怠提出有效策略。[6]有关于影响教师的自我效能感的因素,外部环境和内部因素被认为是共同影响教师自我效能感的因素。[7][8][9]外语教师通过专业的学术交流促进新手教师与经验教师自我效能感的发展。[10]各学校因素对教师的自我效能感有显著的正相关,学校客观条件越好,制度越完整,师生关系越好,教师自我效能感信念就越强。[11]

综上所述,学者从多方面及多因素对教师自我效能感进行研究后发现,教师自我效能感的提升能够促进教师的发展,进而能够推进教育事业的发展。因此,关注教师自我效能感是当前教师专业发展研究的重要议题。

二、民族地区中学英语教师自我效能感调查设计

(一)研究问题

第一,民族地区中学英语教师自我效能感的现状如何?第二,民族地区中学英语教师个人因素与自我效能感的关系如何?

(二)研究对象

研究对象为民族地区包含汉族在内的中学英语教师 60 名,其中男教师 11 名,女教师 49 名,基本信息如表 1 所示:

表 1　民族地区中学英语教师的基本信息

性别	男	11
	女	49
工作单位	初中	50
	高中	10
年龄	30 岁及以下	18
	31~40 岁	28
	41~50 岁	12
	51 岁及以上	2
教龄	0~5 年	14
	6~10 年	22
	11~15 年	21
	16 年及以上	3
学历	大专	14
	本科	46
毕业所学专业	英语专业	43
	其他专业	17
职称	中教三级及以下	5
	中教二级	22
	中教一级	28
	中教高级及以上	5

（三）研究方法

本文的研究使用的工具主要有两个：一是民族地区中学英语教师自我效能感现状的调查问卷，二是访谈。问卷采用的是邵思源的调查问卷[12]，总共有六个维度，包括教学策略与技巧、课堂组织和管理、学生参与、情感态度和文化意识的培养、教材处理和师生交流互动等；访谈采用半结构式访谈的方式，主要有教师认为哪个因素对教学过程中的信心有影响、哪些经历使教师在教学过程中更有信心等九个问题。访谈英语教师六人，访谈的主要目的是对定量数据进行深入解读。

三、研究发现及讨论

（一）教师自我效能感的现状

表2中每项平均值的大小代表了该策略的使用频率：1.00～1.49 表示"完全不同意"；1.50～2.49 表示"有些不同意"；2.50～3.49 表示"有些同意"；3.50～4.49 表示"比较同意"；4.50～5.00 表示"完全同意"。基本情况如下：

表 2　统计频率量表

维度类别	平均值	标准差
教学策略与技巧	3.83	0.21
课堂组织和管理	3.90	0.48
学生参与	3.74	0.49
情感态度和文化意识的培养	3.85	0.36
教材处理	3.80	0.48
师生交流互动	3.88	0.23

1. 教学策略与技巧

本部分有教师教学活动的设计、评价、提问及对教学资源的使用等内容。从表2中可见，教学策略与技巧平均值为3.83，教师在教学策略与技巧方面总体水平较高。从问卷结果看出，大部分教师认为在课堂上能够利用精心准备的问题引起学生的思考；能够对不同学生使用不同评价，并且可以运用各种方法吸引学生的注意力；所设计的活动贴近生活，从而能提高学生解决实际问题的能力。多数教师对上课使用的教学资源软件和活动表示认同。从访谈中也了解到班级中有一些性格较为内向的学生，如果教师对他们过于指责会影响他们兴趣与动机。所以教师会经常表扬学生，并且在教学中积极利用教学资源，不断培养学生的学习策略与方法。总的来看，教师教学策略与技巧这一方面的自我效能感处于较好的水平，教师普遍较重视在教学中使用教学策略与技巧。

2. 课堂组织和管理

在英语课堂上教师的重要任务是创造一些有利于学习的环境。课堂组织和管理会直接影响教学。从表2可以看到，课堂组织和管理的平均值为3.90。

可见教师在课堂组织和管理方面的自我效能感处于较高水平。课堂组织和管理包括对课堂情况的处理能力、与学生间建立课堂行为规范及课堂教学活动安排等多方面内容。研究发现大部分教师能够迅速平息英语课堂中的吵闹情况。部分教师能够与学生建立一定的课堂规范，然而这种规范是长时间才形成的。建立了课堂的行为规范，教师就有更多的精力投入教学中，从而减轻管理负担。有经验的教师能够让调皮的学生遵守课堂秩序，经过访谈也了解到新手教师对课堂的管理能力稍微弱于有经验的教师。多数教师对于课堂中的各种活动把控较好，能够保持紧凑的教学节奏。但是通过访谈得知有些教师表示对课堂的驾驭能力还不够满意。

3. 学生参与

从表 2 可以看到，学生参与的平均值为 3.74，与教师的教学策略与技巧、课堂组织和管理这两个方面相比，学生参与这一方面教师的效能感处在相对较低的水平。但是学生这一因素又是参与课堂最为重要的因素。部分教师认为他们能够较好表达自己，让学生理解对他们的期望，设法让不感兴趣的学生参与课堂并能提供多种形式的教学活动和办法集中学生的注意力，促使学生合作完成学习任务。学生通过合作的学习方式促进语言的使用，并且这一方法在教学中一直被提倡。[13]通过与教师的交谈了解到存在部分教师对课堂上保持学生注意力表示有些力不从心。

4. 情感态度和文化意识的培养

情感因素对于语言教学质量有非常重要的影响。[14]从表 2 可以看到，情感态度和文化意识的培养的平均值为 3.85。教师在这一方面总体处于较高水平，其中包括尊重学生个性特点、培养跨文化意识、关注文化因素、营造教学氛围等内容。大部分教师认为自己在教学氛围的营造上做得较好，能帮助学生学会英语，增加其自信心；在语言的学习中，能够帮助学生接触其他国家的文化，培养学生对异国文化采取尊重与包容的态度，跨文化意识的培养在语言教学中也非常重要。但是也有部分教师表示在语言教学中融入文化的教学也有一定的困难，但学生表现出对其他国家文化有非常高的好奇心，所以教师也在尽可能利用这种机会，这也反映了情感教育在外语教育中的地位与作用。

5. 教材处理和师生交流互动

从表 2 可以看出，在教材处理的平均值为 3.80，大部分教师在处理教材方面能力较好，能够较好地理解并处理教材内容，能将教材趣味化，唤起学生的学习热情；部分教师能够更好地将学生已掌握的知识和经验与新教材的内容进行结合。访谈中教师都表示教材在教学中依旧占据着不可动摇的地位，不管是对学生还是对教师都非常重要。从表2可以看出，师生交流互动的平均值为3.88，略高于教师教材的平均值。这一部分包括教师与学生的交流、与学生家长之间的沟通。大部分教师经常与学生分享学习经验和情感，并以平等的方式与学生探讨问题；在课堂上给学生表达的机会。访谈发现，教师与家长的沟通是比较频繁的。

（二）民族地区中学英语教师个人因素与自我效能感之间的关系

通过相关性分析，发现了教师的自我效能感在性别、学历、毕业所学专业这几个变量上不存在差异，显著性 p 值分别为 0.79、0.43、0.12（见表3），也就是说不同的性别、学历和毕业所学专业这些因素均不影响教师的自我效能感；而教师的工作单位、年龄、教龄和职称对教师的自我效能感会产生一定的影响，如分析结果所示，显著性 p 值分别为 0.02、0.03、0.00 和 0.01，说明它们之间存在显著性差异。分析的结果与过去的研究相比有一样的地方，朱华华的研究结果发现工作单位会影响教师的自我效能感[15]，这与研究分析结果存在相同之处。此外，俞国良、辛涛、申继亮的研究结果中发现学历对教师的自我效能感产生影响，这一结果与本文的研究是一样的。[16]年龄、教龄和职称与教师的自我效能感之间呈正相关，说明年龄、教龄和职称越高，教师的自我效能感越高。研究中的教师工作单位涉及初中与高中，而初中英语教师的自我效能感总体高于高中英语教师的自我效能感。工作单位与教师的自我效能感呈负相关，这说明初中英语教师的自我效能感整体高于高中英语教师的自我效能感。

表3　教师自我效能感与教师个人因素等变量相关性分析结果

变量	相关性系数	显著性 p 值
性别	−0.35	0.79
工作单位	−0.31*	0.02
年龄	0.29*	0.03
教龄	0.39**	0.00
学历	−0.11	0.43
毕业所学专业	0.20	0.12
职称	0.35**	0.01

注：*代表相关性在 0.05 水平显著，**代表相关性在 0.01 水平显著。

四、建议

（一）强化教师自我发展意识

在教师的自我信念中教师的自我效能感是非常重要的一部分。教师会以一个自身的标准衡量自己，通过对教学进行主动的反思，改正自身的不足，促进自己的发展。教师的自我反思与评价能推动教师自我发展意识的提高。在教学过程中，教师在对教学实践给予一定关注与质疑时，在反思中就会改变自己的信念，使自我发展的意识也在不断建构，在此过程中，英语教师的自我效能感所涉及的教学策略、课堂组织管理与学生参与、情感态度、教材处理和师生交流互动方面的信念也在发生变化。通过不断地更新自身理念，构建自我发展的意识，英语教师更加有信心开展教学实践，不断推进有效的教学，在教学实践中不断发展和完善自己。

（二）促进教师自我反思

教师自我评价是教师自我发展的条件之一。教师自我反思在教学中的不足与遗憾，重新学习并发展自我。教师可在课后写日志，记录在课堂中的好与坏、学生创新之处、教师的机智之处。教师可以对不理想的效果不断地改进，并不断发展自我。立足于课堂教学，英语教师的自我评价与反思能够促进教师的自我效能感的提高，从而不断促进教师的自我专业发展。

（三）构建英语教师学习共同体

教师学习共同体是指通过一定的方式组成一个组织或学习小组。学校可以通过价值导向、目标要求、机制约束、评价和激励等方式促进小组的运作，使学校成员能够将共识转化为行动，进而为整个组织共同学习建立氛围和标准，促进教学的发展，提高他们的专业素质。

在教师群体中，有些教师常因各种原因聚集在一起，或解决共同的问题、或谈论相关话题，促使他们自发形成"学习型组织"，学校成立教研组、备课组、名师工作室，促进教师之间的相互学习。这样可以充分发挥教师的主观能动性，共同促进英语教师的发展，提高教师的自我效能感。

（四）强化学校的支持

教师受到各种外部环境的挑战，在教学压力及自身职称和科研等方面的压力下，教师不堪重负，学校应努力为教师创造一个温馨和谐的环境，并且不断鼓励、支持教师参加教学学术交流活动。另外，努力建立一个强有力的支持环境，建立一个良好的学习平台，促进教师的共同学习与进步。学校可邀请专家或资深教师与他们交流。最后，学校应健全并明确英语教师的评价系统，及时对英语教师给予一定的认可，及时的评价会鼓励英语教师继续努力，增强他们的自我效能感。学校应重视进修与培训制度，带动英语教师的热情，提高他们教学和科研的能力，增强英语教师的自我效能感，推动教学的进步。

（五）建立合理的评价机制

教师所在学校的评价机制是影响教师自主职业发展的重要外部因素。"合理适当的教师评价将提高教师的自我评价水平，从而调动教学的主动性和积极性；反之，会阻碍教师的自我意识，误解自我，影响教学效果。"[17]一是评价内容多元化，奖励教学效果和教学过程突出的教师。二是评价方法多样化。学校应考虑教师之间的差异，通过学生、教师和领导对教师的教研工作进行评价。三是重视教师的发展评价，发展性评价的根本目的是促进教师的发展。学校、教师和学生在不同时期有其阶段性特点，这就需要学校更尊重个体差异，建立合理的发展评价体系。

参考文献：

[1] Bandura A. Self-efficacy: Toward a Unifying Theory of Behavioral Change [J]. Psychological Review,1977,84(2):191-215.

[2] 庞丽娟,洪秀敏. 教师自我效能感：教师自主发展的重要内在动力机制 [J]. 教师教育研究，2005，17（4）：43-46.

[3] 洪秀敏,庞丽娟. 论教师自我效能感的本质、结构与特征 [J]. 教育科学，2006，22（4）：44-46.

[4] Rastegar M,Moradi S. On the Relationship between EFL Teachers' Job Satisfaction,Self-Efficacy,and Their Spiritual Sense of Well-Being[J]. Open Journal of Modern Linguistic, 2016(6):1-12.

[5] Motallebzadeh K,Ashraf H,Yazdi M T. On the Relationship between Iranian EFL Teachers' Burnout and Self-efficacy[J]. Procedia-Social and Behavioral Sciences,2014(98):1255-1262.

［6］刘萍. 大学英语教师自我效能和职业倦怠的关系研究［J］. 外语教学，2014，35（6）：68－72.

［7］郭敏，李葆华. 教师自我效能感及其培养策略［J］. 当代教师教育，2008，1（3）：29－31.

［8］王晶. 国内外关于教师效能感研究的回顾与展望［J］. 教育导刊，2008（6）：7－9.

［9］蒋灵慧，钱焕琦. 教师教学效能感研究述评［J］. 教育探索，2009（12）：93－94.

［10］Zonoubi R, Rasekh A E, Tavakoli M. EFL Teacher Self-Efficacy Development in Professional Learning Communities[J]. System, 2017(66):1－12.

［11］辛涛，申继亮，林崇德. 教师自我效能感与学校因素关系的研究［J］. 教育研究，1994（10）：16－20.

［12］邵思源. 一项对中学英语教师自我效能感的研究——以部分中学英语教师教学行为和教学效果为例［D］. 上海：上海外国语大学，2012.

［13］王湘玲，宁春岩. 从传统教学观到建构主义教学观——两种教学观指导下的英语教学对比研究［J］. 外语与外语教学，2003（6）：29－31.

［14］项茂英. 情感因素对大学英语教学的影响——理论与实证研究［J］. 外语与外语教学，2003（3）：23－26.

［15］朱华华. 中学英语教师教学效能感调查研究［J］. 山东师范大学外国语学院学报（基础英语教育），2006，8（4）：23－29＋38.

［16］俞国良，辛涛，申继亮. 教师教学效能感：结构与影响因素的研究［J］. 心理学报，1995，27（2）：159－166.

［17］岳格妮. 基于自我效能感的青年外语教师自主专业发展研究［J］. 中国成人教育，2017（2）：145－147.

基于语料库的中学英语教师认知能力发展探究

曾令忠[①]　韩伟丽[②]

[摘要] 认知能力作为中学英语教师综合能力的一个重要方面，对其自身发展和外语教育教学具有很大的意义。本文利用语料库容量大、语言真实、检索快捷准确等独特的优势研究中学英语教师对教育对象、教育内容及自身的认知，以促进中学英语教师认知能力发展，指导基础阶段英语教学。

[关键词] 语料库　中学英语　教师发展　认知能力

一、引言

国运兴衰，系于教育；教育大计，教师为本。21世纪是知识经济时代，现代社会的发展对教育提出了更高的要求，确切地说是对教师素质提出了更新更高的要求。教师是学校教育的主要实践者和推动者。教师群体的素质在某种意义上关系着一个民族、一个国家的兴衰成败。随着教师专业化及新课程改革的不断深化，教师发展及转型成为时代和社会发展的必然要求，成为教育和教学改革的必然要求，成为教师自身发展的必然要求。2010年12月，在华南师范大学举办的首届全国外语教师教育与发展专题研讨会上，包括何安平、夏纪梅等在内的十多名专家提到了英语教师专业发展的问题。由于外语教学的特殊性，外语师资的质量在很大程度上决定了外语教学的质量。处于基础教育阶段的中学英语教师的认知能力作为外语教师综合素质的一个方面，对其自身发展和外语教学具有重要意义。

---

① 曾令忠，黔南民族师范学院外国语学院副教授，硕士研究生导师，研究方向：语言测试与语料库语言学。
② 韩伟丽，黔南民族师范学院外国语学院本科生。

二、文献综述

（一）认知与认知能力

认知是指通过心理活动（如形成概念、知觉、判断或想象）获取知识。认知能力是指人脑加工、储存和提取信息的能力，即人们对事物的构成、性能与他物的关系、发展的动力、发展方向及基本规律的把握能力，知觉能力、记忆能力、注意能力、思维能力和想象能力都被认为是认知能力。它是人们成功地完成活动最重要的心理条件。

近些年来人们对于认知能力的研究已经取得了很大的成就，尤其是在英语教育教学领域的研究。它对英语语言教学具有重要的理论和实践意义。具体来讲，有认知能力与口译能力、词汇教学、单词记忆、语法等方面的关系和意义的研究。李庆瑜提出可全方位大量地加强感觉刺激，分类教学，创设语言环境，通过多种形式，提高熟悉度，加强记忆等具体有效的教学方法。[2]他们主张在英语教学中对中学生认知能力、元认知能力的培养进行探究，引导学生从被动地学习、盲目地学习变为主动地学习、有目的地学习，以提高学生的学习效率。

总之，对于认知能力发展的研究虽然起步晚，但是成就巨大。在英语教育教学的多个方面，针对不同年龄不同阶段的英语学习者，采用多种研究方法（如比较法、问卷调查法、分析法等）进行了较深入和细致的研究。然而，在诸多的研究中，针对中学英语教师认知能力的探究却被忽略了。

（二）语料库与英语教学

语料库是由在真实情况下使用的语言信息集成的，可供计算机检索的、专门作研究使用的巨型资料库。它以容量大、语言真实、检索快捷准确等独特的优势在现代语言学研究和语言教育中发挥着越来越重要的作用。语料库语言学不仅是研究方法论的一个重要突破，更孕育着对语言描述的框架乃至不断更新的语言观念。

早在语料库语言学兴起的20世纪60年代至70年代，欧洲一批语料库语言学的开创者和语言教育家就开始把语料库在语言教学的运用作为语料库语言学的一个重要分支，因为二者是一种互相渗透的综合体。语料库的教学运用可分为两类：一是直接运用，如讲授有关语料库的知识，教授语料库探索的方法和利用语料库资源进行教学等；二是间接运用，如根据语料库编纂字典、语法参考书、教材或利用语料库及计算机开发多媒体课件、语言学习软件包、测试评估工具等。

现代外语教学不但要求教育者具有良好的外语水平和教学能力，还要具备对语言教育和教学的研究能力。基于语料库的教学研究能够给外语教师带来一种新的研究方法和途径，并对语言教师在语言教学中对教什么以及如何教的认识产生极大影响。

莫秀兰从应用和理论两个层面论述了语料库更应该应用于语言教学。她指出，在英语教学中，纯粹的课本或辅导书已经不能满足师生的要求，教师需要更为全面和真实的语言实例，将语料库结合在英语教学过程中，可以改变传统的以教师为中心的教学模式，鼓励学生参与，充分发挥学生的能动性、积极性。由此激发学习者的创新思维和培养分析问题、解决问题的能力。将语料库应用于英语教学有利于发展学习者的智能。[2] 沐卫萍等从调查高职院校英语教师使用语料库技术入手，分析了高等职业技术学院教师将语料库应用于英语教学实现以学生为中心的教学能力优势。[3]

以往语料库的应用研究主要包括三个方面：一是运用于语言教学，如语音、语法、词汇、写作及翻译教学等；二是运用于学习者中介语、师生课堂会话等话语分析；三是学习者语言差错类型分析、连结语的使用分析等。而教师语料库的建设是一项艰难的工程，尤其是教师语料不易收集。笔者将在中学英语教师作文语料库和中学生作文语料库的基础上，从教师对教学对象（学生）、教师对教学内容（教材）的认知、教师自我认知三个方面来分析中学英语教师的认知能力。

三、基于语料库的中学英语教师认知能力发展探究

基于语料库的英语教学具有两个鲜明的优点。首先，它可以呈现大量真实而自然的语例。其次，它还可以使我们认知自己的语言本能，清楚地看到自己平时不经意但经常使用的语言形式。

写作能反映语言综合运用能力，也一直是外语教学的重点和难点。在探究之初，建立了两个小型的语料库，即中学生作文语料库和中学英语教师作文语料库。这两个库的内容真实，对笔者研究教师的认知能力具有重要的作用。

（一）教师利用语料库对教育对象的认知

近年来，"以学生为中心"的教学理念得到了越来越多人的认同。为做到这一点，教师要了解自己的学生。为了更细致深入地了解当前中学生英语水平，我们收集了黔南州部分中学近600名学生的考场作文，对其进行整理、输入，建立中学生英语作文语料库，然后对其进行标注、运用AntConc检索工具进行检索、分析。尽管其规模比较小，但语言材料来源广泛，也能体现中学生的外语水平。

在这个语料库中，我们发现在英语教师的指导下中学生的英语语言具备了一定的能力，取得了很大的进步，基本能够表达自己的观点。但其中也发现了不少问题，主要体现在知识的积累和运用上。

学生是教师的一面镜子，可以为教师提供很多灵感和信息反馈。学生的这些问题应引起教师的重视，教师应不断反思自己在教学中的问题，以利于学生的进一步学习。

（二）教师利用语料库对教学内容的认知

新课程下，中学英语教材的不断更新和变化，教师对教材的理解和把握也要不断深化。教师和教材作为学生学习的重要支持和辅助，二者的目标应该完全一致，应充分发挥各自的作用，教师应充分调动自身其运用教材的主观能动性，正如李观仪先生说的那样，就算是一般的教材，好教师也可以教得很好；而再好的教材，要是教师不去动脑筋，不愿花功夫，效果也不太好。[4]教材在外语教学过程中的重要功能主要体现在以下几方面：第一，讲授材料的一种资源；第二，学习者时间和交际互动活动的一种资源；第三，学习者在语法、词汇和语音等方面的参考书；第四，课堂语言活动的灵感来源；第五，反应既定学习目标的一种大纲；第六，用于自我学习和自主学习的资源；第七，为自信心有待加强、缺乏经验的教师提供支持。

教师在外语教学中应创造性地使用教材，让教材更好地服务于教学，而不应拘泥于课本。外语教学长期都在讨论两个重要的问题：一是教什么，二是怎么教。在解决"教什么"这个问题时，大量电脑语料库能够为选择和组织教学提供科学的依据。正如一块矿石的开采价值通常不在于它含有多少种不同的金属元素而在于其中某种有价值的元素是否含量高；人们学习外语也通常不会因为目的语里面有什么就学什么，而是首先学习那些被本族语者最常用的语言词汇和表达方式。例如，不少英语教科书会在一开始就强调some和any的差异就在于 any 一般用于否定句和疑问句而 some 则用于肯定句。然而在大量真实语料的调查则发现有 50％的 any 竟是用于肯定式陈述句，如 I thought any fool would know（预设某种已存在的事物）；另有 40.00％的 any 用于否定式陈述句，如 I shan't get any script from the assist ants before then（并非预设某种已存在的事物）；而仅有约 10.00％的 any 用于疑问句，如 But is there any truth in it（并非预设某种已存在的事物）。为此，教师重新设计了以下的教学内容安排：第一，介绍作为不定冠词复数形式的 some（如 house，some houses）；第二，扩展使 some 来修饰不可数的单数名词（如 some milk，some butter）；第三，接着介绍 any 的最常用功能，并与 every 形成对照（如 You can take any apple. Every apple has been polished.）；第四，介绍 any 的第二种常用句式（如 I haven't got anything for you. There isn't anybody here.）；第五，介绍 any 的第三种用法，并与 some 形成对照（如 Are there any problems? Would you like some tea?）。

这种基于语料库调查获得的语言输入步骤，可能会使学生学到更贴近真实、更有价值的语言用法。中学教师要是掌握了这些信息，就可以确立教学重点和难点。一般的教科书、字典和语法书只能告诉学生某种语言有哪些形式，却无法告知哪种形式被本族语者最多或最少使用、在什么语体或交际场合出现频率最高等。而基于语料库信息的教学则能让学生学到英语本族人最常使用的语言形式。把师生有限的学习时间和精力用在学习最有价值的知识上，这正是语料库对外语教学的启示。

在当下信息化教育的背景下，教师应紧跟时代节奏，把握时代脉搏，接收和重视信息化教育带来的新思路、新挑战，将信息化的内涵融入教师教学过程中。语料库语言学作为信息化的一个产物，能够为教师教学提供更多的帮助。语料库不仅可以编排教学内容，调整教学内容的重点，还可以直接用作课堂教材进行词汇、语法、文体学、阅读、语调等方面的教学。

如单词 by 是个用法比较多的词汇，教师在教授时，就可以利用语料库来充分发挥学生的主体地位。通过检索工具 Antconc 可以在文件中搜索到关于 by 的所有情况。

请学生认真观察可以看到，by 后可以接名词和动词，也可以直接作为短语而存在。by 后接动词时，通常都会用动名词形式。而 by 后接名词时，有两种情况：一种是前面是被动语态，by 后接的是动作的执行者，意为"被"；另一种就是后面直接用名词，意为"靠"或者"用"，比如 by yourself，by words。by 的短语在图中可以看到，one by one 和 by the way 这两个短语，根据上下文语境，学生可以猜出前者是"一个接一个"的意思，后者是"顺便"的意思。这样通过语料库这个工具，教师就可以把一个单词的多种用法体现出来，而且教师自始至终就是一个指导者，也是学生学习的促进者，学生在活动中开动脑筋，带着问题去观察、分析、归纳，可培养他们的创新能力和学习兴趣。通过小组合作，最终完成了教学任务。教师就是要不断地创新，挖掘教材资源，提高单位课时的信息量，扩大学生的知识面，将抽象的知识形象化，提高其教学效果，只有这样教师才能更好地教，学生才能更好地学。

（三）教师利用语料库对自己的认知

教师认知首先要研究教师对自身的认知，学科知识是教师认知的基础。对外语教师而言，语言知识是决定教师能否有效教学的一个重要因素。教师语言能力对学生具有直接且深刻的影响。只有教师了解了自己的语言状况才能在下一步有的放矢，从而促进自身的发展和提高。以"enough"为例，根据语法规则，enough 有四种词性：第一，形容词（adj.），足够的、充足的、只够做……的，如：There will be enough work to keep us all busy；第二，名词（n.），充足，足够，很多，如：Thank you, I have had enough；第三，副词（adv.），足够地，充分地，如：The little dog is lucky enough to have such a nice meal；第四，感叹词（int.）够了！如：Enough! You have said too much!

通过对"民族地区中小学英语教师语料库"的检索，可以使处在教育一线的中学英语教师对自身的英语语言水平有详细的了解。他们整体上能够准确圆满地完成写作任务，说明在现有的教育环境下，外语教师的水平有很大的提高。但其中也发现了中学英语教师在自身专业能力上还存在着一些问题，具体表现在知识积累、语言运用能力和使用语言的态度等几个方面。

第一，知识积累方面。语言基础知识不够扎实，其中不乏单词拼写不准确，冠词、单复数问题，搭配错误，标点及大小写错误，对词性把握不清等。如通过 Concordance plot 我们检索到"Pay attention to making sure all possible research is done, preparing your lecture thoroughly, think about your style of presentation, giving tasks to do or questions to answer so that the audience doesn't get bored and so on"，在此句中，四个短句属平行结构，但时而用动词原形，时而用动词现在分词形式，research 原形前居然用了 all。"fellow the school rules. respect teachers. and so on."中单词拼写、标点、大小写更是无规则可言。"In order support our opinion"和"I think you report"之类错误更是明显。只有对英语基础知识牢固掌握才能提高英语语言运用能力。教师在平时更要注重对基础知识的积累,并牢牢把握,准确记忆。

第二,语言运用能力仍有不小问题。句型不地道,时态不一致,逻辑混乱,中文思维严重。如"There will be study hard. healthy outgoing",前句 there be 句型运用不正确,后半句不知道作者要表达什么。而在"choose words, it is should be easy to be understand in this procedure"中,本可以用一个状语从句来表达的,而作者却选择了把两个句子用逗号连接,后半句的错误更是无法理解,如情态动词 should、被动语态 be understand 等,各种语用错误还很多。语言的最重要的功能就是交际,而语言运用能力的好坏很能体现其交际能力。作为一名教师,只有自身的语言运用能力强,才能让学生得到提高。

第三,个别教师使用语言的态度不太端正。在全国中学英语教师职业技能大赛的卷面上,好多教师字迹不清晰,让评卷老师很难辨认,还有不少雷同卷。"态度决定一切",教师在教学中的态度不仅会对教学工作造成影响,而且还会潜移默化地对学生产生影响。教师能够在平时加强基本功训练和品德修养,做到为人师表,很大程度上能够对学生的求知欲起到带动作用,在学生面前树立良好的学术形象,更利于师生双方的相互促进和进步。

中学英语教师利用语料库刷新认知实际上是一种新的教学反思的方式,是提高自身素质的一种有效途径。语料库能够帮助中学英语教师总结、反思、改进、创新,有利于教师的专业发展和自我成长。

四、结语

随着现代社会的进步,语料库语言学也得到了快速的发展。它以容量大、语言真实、检索快捷准确等独特的优势在现代语言学研究和语言教育中发挥着越来越重要的作用。语料库语言学不仅是研究方法论的一个重要突破,更孕育着对语言描述框架乃至语言观念的不断更新。自建的中学生作文语料库和中学英语教师作文语料库对广大中学英语教师认知能力的发展起到了重要的作用。中学英语教师可以利用于语料库认知教育对象、教育内容。通过对学生的认知,教师可以更多地了解学生,发现学生在学的过程中存在的问题,不断改进教育教学方法,提高教学效率和质量。语料库可以帮助教师认知教材,确立教学的重点难点,灵活处理教材,编写教育内容,改善课堂教学,促进教学创新。教师利用语料库发现自身不足、不断反思,以适应新时代赋予教师的责任与使命。

  这对于职前中学英语教师同样具有很重要的作用。师范院校英语专业学生有着特殊的身份，他们既是英语学习者，又是未来中学英语的教育者。他们的英语语言能力既能体现教师的教育成果，又能反映教师教育的专业素质。师范院校英语专业学生要充分利用现代科学技术成果和先进研究手段，提高自己专业水平和认知能力，以适应日后教师这一光荣而神圣的角色，促进我国基础教学的飞跃式发展。

参考文献：

[1] 李庆瑜. 论认知能力发展与小学英语教学策略［J］. 考试周刊，2010（39）：145.

[2] 莫秀兰. 语料库与英语教师专业发展［J］. 教学与管理，2012（21）：58－59.

[3] 沐卫萍，范文卿. 关于高职院校英语教师语料库技术使用情况的调查［J］. 镇江高专学报，2014，27（2）：100－104.

[4] 励哲蔚. 李观仪教授谈外语教学［J］. 外语界，2002（6）：2－4＋61.

第二部分

英语课堂教学研究

图式理论在民族地区高中英语阅读教学中的应用

张芳洁[①]　韦启卫[②]

[摘要] 本文以问卷和访谈的方式对贵州省黔南州2所市级中学的623名高二学生进行了调查研究，旨在了解图式理论在民族地区高中英语阅读教学中的实际应用情况，了解语言图式、内容图式和结构图式与民族地区学生的英语阅读能力的相关性，探讨图式理论对民族地区英语阅读教学和学习的启示。研究结果显示，民族地区学生的阅读能力都集中在中下水平，并且在阅读中使用图式策略的意识薄弱；相关分析和回归分析表明，结构图式和内容图式与民族地区学生的阅读能力存在不同程度的相关性。笔者认为只有启发教师在教学中正确运用图式理论才能把英语阅读课堂真正变为高效课堂。

[关键词] 图式理论　阅读能力　相关性　英语教学

一、问题的提出

语篇（篇章、话语、文章）可以理解为是不完全受句子语法约束的、在一定语境中表达完整语义的自然语言。通常说的阅读理解实际上是对所看到的阅读材料进行信息处理的一种学习方式。在阅读过程中，学生可以通过自己的已有知识，即图式知识帮助自己理解阅读材料。图式是一种在活动中形成的具有概括性的认知的组织和结构。简单来说，图式可以理解为人们认知的系统和结构。而本文研究中的图示理论则是指语言学中的定义，即语言学习者在阅读时

[①] 张芳洁，黔南民族师范学院外国语学院2017级学科教学（英语）教育硕士研究生，研究方向：外语教学。
[②] 韦启卫，黔南民族师范学院外国语学院教授，硕士研究生导师，研究方向：外语教学与语言对比。

其图式背景知识对理解文本含义所起到的作用。

德国哲学家 Kant 在 1781 年首次提出了图式的概念。1932 年英国心理学家巴特利特提出图式在心理学中的定义。随后，教育家 Piaget、Rumelhart、Carrell、Nunan 等人的研究奠定了图式理论的理论基础，这些理论基础被广泛应用于后来的研究中。

国内的图式理论研究在不断地发展壮大，特别是把图式理论应用于英语阅读教学的实证研究，例如崔雅萍[1]、方以珍[2]、李力[3]、赖文华等[4]。这些研究都取得了丰富的成果，为中国教育教学一线的老师和教学研究者提供了宝贵的建议。

通过文献综述可以了解图式理论在中小学英语阅读教学的运用研究并不罕见。但是，以民族地区高中生为研究对象开展图式理论的实证研究却是凤毛麟角。语言的学习受环境和教学资源及经济文化的发达程度的影响极大，因为语言的学习本身蕴含着丰富的文化积累。然而民族地区的外语教育在这方面的研究存在很大的缺口。本文的主要目的是调查图式理论在民族地区高中英语阅读教学中的实际运用情况，了解语言图式、内容图式和结构图式与民族地区学生的英语阅读能力的相关性，探讨图式理论对民族地区英语阅读教学的启示。

二、研究方法

（一）研究对象

本文的研究对象是贵州省黔南州两所市级中学（都匀市民族中学和都匀市二中）的 623 名高二学生，其中男生 263 人，女生 360 人；文科生 266 人，理科生 357 人，主要以整班的形式为研究单位。

（二）调查工具

本文研究使用问卷调查法和访谈法的方式进行调查研究。问卷采用了李克特五级量表，问卷题项参考杨曦的问卷设计，[5]并结合文献和教学专家意见及本研究的需要进行改进，共分为两部分。通过学生自己的选择了解他们的阅读习惯，从而保障此问卷调查的信度和效度。

研究的访谈对象为两所学校调查班级的任课老师和每个班好、中、待转的三名学生，以及其中一所中学的英语教研组长。笔者为教师、学生设计了各六个开放性问题。

（三）数据收集与分析

问卷调查表在学校正常的上课时间内由科任老师和笔者共同发放，全部完成后检查并收回。问卷总数为 700 份，收回了 700 份，有效问卷为 623 份。在问卷调查全部完成后，笔者对两所中学所调查班级的英语老师进行访谈。每班抽取好、中、待转三名学生，共计 39 名学生进行访谈。从访谈中得到更多教师实际教学和学生真实学习情况的信息。了解到教师在阅读教学中对于图式理论的应用情况以及学生在进行阅读时对图式策略的使用情况，以此来探寻在问卷中出现各种现象的原因，帮助师生找到阅读教学的突破口。数据分析使用的软件是 SPSS 16.0，使用的数据分析方法有描述性统计、相关分析和回归分析。

三、结果与发现

（一）学生对于图式理论在阅读中的使用概况

图式理论的主要分类维度为语言图式、内容图式、结构图式。[6]语言图式就是师生在语言学习中常说的词汇、句法、语法等表示语言知识的内容。语言图式对于阅读者来说起到一个基础性的作用，如果读者没有语言图式作为基础条件就无法理解文章的基本含义。内容图式简单理解就是文章的背景知识，如果读者没有内容图式作为支撑，那么就算拥有语言图式也很难对文章进行深入的理解，只有不断丰富文化背景知识才能更好地处理文章信息。结构图式主要是指语篇的体裁和结构。文章体裁有记叙文、议论文、说明文等，每种体裁的文章都有其独特的行文结构。这有助于阅读者快速锁定重要信息并进行记忆和处理。所以对于学生来说，教师在教学中有意识地帮助他们建立、巩固和激活图式对学生的语言理解能力会有显著性的积极影响，形成良性循环。

从表 1 中可以看到学生在阅读中使用图式理论的情况，三个分类的平均得分由低到高分别是：内容图式（2.96）、结构图式（2.98）、语言图式（3.04）。从数据上来看，学生对于此三种图式的应用平均水平差距不大，语言图式的平均值刚好超过了 3 分。但是民族地区学生的阅读能力都集中处于中下水平，并且在阅读中使用图式的策略的都不高，使用图式策略的意识较薄弱。

表1 学生在阅读中图式理论的使用概况

类别	内容图式	结构图式	语言图式
平均值	2.96	2.98	3.04

从访谈的结果来看，学生认为英语阅读也只能是通过脚踏实地地记忆单词实现最终目的，英语阅读在他们心中是枯燥而强大的一座大山，很难翻越。教师也因为学生英语的整体水平不理想而一直简单强调让学生巩固基础（词汇、翻译）。访谈过程中教师表示很清楚内容图式和结构图式的重要性，所以在阅读练习的订正环节，教师也会快速地输入很多关于内容图式和结构图式的信息，但是对输入的内容没有行进教学设计和规划，并不成体系，也没有想过去检测学生的掌握程度，所以收效甚微。

（二）图式理论策略与阅读能力的相关性

为了了解民族地区高中学生的阅读能力是否与三种类型的图式策略相关，笔者运用SPSS 16.0进行皮尔逊相关分析，结果显示（见表2）结构图式、内容图式、语言图式都与学生的阅读能力有极大的相关性。其中结构图式与学生阅读能力的相关性最大，排在第二的是内容图式，最后是语言图式。

表2 图式理论策略与阅读能力的相关性

类别	结构图式	内容图式	语言图式
相关系数	0.55**	0.51**	0.44**
显著性 p 值	0.00	0.00	0.00

注：** 代表相关性系数在0.01水平显著。

（三）图式理论策略与阅读能力的回归分析

为了进一步探求图式理论策略与阅读能力的关系，本文的研究采用逐步进入法（Stepwise）对图式理论策略与阅读能力进行了多元回归分析（见表3）。

表3　图式理论策略与阅读能力的回归分析

类别	相关系数	拟合系数	调整拟合系数	估计标准差	方差检验	回归系数	标准回归系数	t 值	显著性 p 值
结构图式	0.55**	0.31	0.30	0.68	272.54	0.57	0.55	16.51	0.00
内容图式	0.57**	0.33	0.32	0.67	149.94	0.22	0.22	4.39	0.00

注：** 代表相关性在 0.01 水平显著。

结构图式对阅读能力的影响数值：拟合系数为 0.31，调整拟合系数为 0.30。标准回归系数为 0.55，t 值为 16.51。此结论证明了结构图式在阅读中的重要地位，教师在教学中应该先从宏观上把握篇章的整体结构，让学生有文章框架的概念才能更快地捕捉重要信息，帮助他们理解阅读材料的内容。访谈中，教师表示在日常的教学中对于文章体裁基本就是简单带过，甚至有英语教师认为这应该是语文课要解决的问题。所以大部分学生缺失了这方面的训练，这给他们提升阅读能力也造成了一定的阻碍。

内容图式的拟合系数为 0.33，调整拟合系数为 0.32。标准回归系数为 0.22，t 值为 4.39，这显示了内容图式对于学生的阅读能力也是有影响的。访谈中，很多学生表示很喜欢涉猎此类知识，觉得这比单纯地背记单词和练习语法有趣得多，就好比听故事，听完了总能记住很多关键词和关键句。大量的输入此类知识不仅能提高学生的阅读能力，而且可以提升学生对英语阅读的兴趣，增强阅读动机，使他们越来越喜欢英语，形成良性的循环。教师也表示虽然在教学中没有花大部分的时间进行内容图式的输入，但是由于教材编写的进步及现在大量阅读练习的引进，学生在不知不觉中学到了很多关于内容图式的知识，特别是成绩中上的学生更易因此喜爱英语，自觉形成良好的阅读习惯，从而不断增强他们的英语阅读能力。

在表3的数据中，没有语言图式，但并不表明它不重要。造成这个结果的原因主要是两个：一是教师对于语言图式的重视让学生每天都沉浸在语言图式的题海中，学生在这方面的整体水平其实是持平的；二是固有观念的影响，民族地区学生很多来自乡镇和农村，例如此次抽样调查的有效问卷中就有 345 人来自乡镇。受到教育资源、学习环境、家庭教育因素等多方面的共同影响，此部分学生对于英语阅读的学习单纯的重视词汇和语法，每天都在死记硬背中逐渐磨灭了自己对英语的兴趣，其中一部分人甚至以偏科为代价放弃了英语学科，这种情况在民族地区的城市学校也是大比例存在的。

四、结语

对民族地区图示理论在高中英语阅读教学的应用情况进行调查研究是具有实践价值的。贵州的少数民族地区经济文化都相对落后，各方面信息较闭塞，中小学英语教师的教育教学方法和理念都相对落后，学生和家长的社会竞争意识也并不强烈，所以对于外语学习的态度和学习方法造成了很多负面的影响。研究民族地区英语阅读策略在教学中的应用情况：一方面是为了研究如何让民族地区的学生用有效的方法学习英语，并提高他们的英语阅读水平，增强他们学习英语的兴趣，让他们愿意接触关于英语学习的信息，形成学习语言的良性循环；另一方面，也为广大民族地区的英语教师提供更多更有效的教学思路参考，从而在新课改的浪潮中不断学习和进步，为实现民族地区英语教学的高效课堂而不懈努力。

参考文献：

[1] 崔雅萍. 图式理论在L2阅读理解中的运用 [J]. 外语教学，2002，23 (5)：52—57.

[2] 方以珍. 图式理论在大学英语阅读教学中的应用 [J]. 浙江树人大学学报（人文社会科学版），2011，11 (5)：88—90.

[3] 李力. 基于图式理论的初中英语读前活动设计 [J]. 中小学外语教学（中学篇），2011，34 (3)：26—30.

[4] 赖文华，王佑镁，杨刚. 语言图式和内容图式对数字化阅读影响的实证研究 [J]. 电化教育研究，2015，36 (7)：89—93+113.

[5] 杨曦. 图式理论下的高中英语阅读教学研究——"篇章主题为中心，结构为框架"的阅读模式 [D]. 武汉：华中师范大学，2015.

[6] Carrell P L. Some Issues in Studying the Role of Schemata, or Background Knowledge, in Second Language Comprehension[J]. Reading in a Foreign Language,1983,1(2):81—92.

黔南州高中生英语课堂沉默现状调查研究

李小会[①]　韦启卫[②]

[摘要] 课堂沉默是指在课堂教学过程中学生不愿参与课堂活动或讨论的现象，它普遍存在于高中英语课堂并对课堂教学和学习有很大的影响。因此，对英语课堂沉默现状的研究是有必要的。本文运用课堂观察、问卷调查和访谈作为研究工具，旨在调查黔南州高中生英语课堂沉默现状，并分析男女生在课堂沉默上是否存在差异。在研究结果的基础之上，作者提出了一些打破课堂沉默的措施，希望对改善当前课堂沉默有所帮助。

[关键词] 黔南州　高中生　英语课堂沉默

一、研究背景

众所周知，学习英语最好的方式是交流，尤其是与以英语为母语的人交流更好。然而，对中国学生来说，要与以英语为母语的人面对面地交流是非常困难的。课堂互动为学生提供了交流的机会，这是培养学生语言交际能力的重要途径。但在英语教学过程中，大部分学生是沉默的，这不仅限制了学生学习的积极性，而且也不利于教师教学质量的提高。因此，对高中生英语课堂沉默现象进行调查研究是很有必要的。

1965年菲利普斯首次阐述了沉默的概念，强调言语和性格之间的关系，相关研究自此开始。[1]自20世纪70年代以来，随着交际教学法的盛行，英语课堂互动越来越受到教育者的重视。许多教师想方设法改善课堂教学气氛提高

[①] 李小会，黔南民族师范学院外国语学院2016级学科教学（英语）教育硕士研究生，研究方向：外语教学。

[②] 韦启卫，黔南民族师范学院外国语学院教授，硕士研究生导师，研究方向：外语教学与语言对比。

学生参与课堂活动的积极性，但效果依然不佳，学生不愿参与课堂活动的现象普遍存在，尤其在第二语言学习中，学生的课堂沉默现象更加显著。许多研究表明，以英语为第二语言的亚洲学习者被认为是沉默和被动的，主要表现为这些学生不愿意参与课堂讨论和回答问题。[2]因此，帮助师生克服课堂沉默，激发学生参与课堂的热情，重燃教师上课的激情，是目前高中英语教学亟待解决的重要问题。

二、研究目的和意义

本文通过调查黔南州高中生英语课堂沉默的现状及男女生在英语课堂沉默上是否存在差异，旨在帮助师生共同克服课堂沉默的状况，重塑积极活跃英语课堂，为正确解读高中英语课堂沉默现象提供参考依据。

三、研究设计

（一）研究问题

本文的研究主要回答以下两个问题：第一，黔南州高中生英语课堂沉默现状如何？第二，男女生在课堂沉默上是否存在差异？

（二）研究对象

本文的研究以黔南州四所学校高一学生为研究对象，总共621名学生参与了调查研究。

（三）研究工具

研究主要采用课堂观察、问卷调查和访谈等方式。问卷包括三部分：第一部分主要是学生的个人信息，第二部分是学生的英语课堂沉默行为，第三部分是学生课堂沉默的原因。

（四）数据收集与分析

问卷发放给学生后，请学生用20分钟的时间填写问卷。总共发放问卷700份，收回问卷700份，有效问卷621份。问卷收回后，采用SPSS 16.0对数据进行描述性统计和分析。

四、研究结果与讨论

（一）高中生英语课堂沉默现状

本文的第一个研究问题是调查黔南州高中生英语课堂沉默状况。通过描述性统计分析，结果如下：表1显示，六个表述的标准差值在1.00~1.30之间，说明学生的回答是一致的。同时，除了第1个（平均值为2.63）和第5个（平均值为2.54），其余四个表述的平均值均在3.00以上，这说明大多数学生在英语课上都有沉默行为。

表1 高中生英语课堂沉默行为描述性统计

编号	题项	从不	很少	有时	经常	总是	平均值	标准差
1	学生不参与课堂讨论	12.70%	32.40%	39.10%	11.00%	4.80%	2.63	1.00
2	学生只有被点名时才回答问题	11.00%	23.20%	29.50%	18.40%	17.90%	3.09	1.25
3	学生避免和老师进行眼神交流	12.90%	17.90%	25.40%	23.70%	20.10%	3.20	1.30
4	学生保持沉默	12.40%	21.90%	27.20%	19.30%	19.20%	3.11	1.29
5	学生低头不回答老师的问题	22.40%	28.70%	30.30%	10.10%	8.50%	2.54	1.19
6	学生不会反对老师的意见	8.40%	19.20%	30.10%	23.80%	18.50%	3.25	1.20

数据分析结果显示，在621名学生当中，只有12.70%的学生积极参与课堂讨论和11.00%的学生主动回答问题，表明大多数学生在课堂上是很被动的。同时，只有12.90%的学生愿意在课堂上与老师进行眼神交流，12.40%的学生不承认自己在英语课堂上保持沉默，说明大多数学生是沉默的。第五个题项显示，在英语课堂上只有22.40%的学生愿意回答问题，其余学生不愿在课堂上发言。第六个题项说明，当学生在和老师意见不一致时，只有8.40%的会与老师争论，而91.60%的学生会选择保持沉默。以上数据表明，大多数高中生在英语课堂上是沉默的。根据访谈结果可以进一步解释这个结果。在访谈中，大多数学生表示他们很少愿意参加课堂活动，宁愿安静地听老师讲课。

通常，班上大多数学生都不愿意主动参与课堂活动，只有少数学生发言比较积极……课堂观察能更好地解释这个结果，通过课堂观察，笔者发现在十五个班级当中，每个班都只有少数学生愿意回答问题，而大部分学生都是安静地听老师上课，可以说英语课堂沉默是普遍存在的。这与前人的研究结果是一致的。[3]

导致学生英语课堂沉默的原因有很多，如学生因素、教师因素、文化因素等。从学生方面来说，学生的焦虑、缺乏自信、个性等都是导致学生英语课堂沉默的重要原因。一些学生认为他们的英语很差，所以，他们担心自己不能准确地用英语表达自己的想法。[4]此外，缺乏自信是导致学生英语课堂沉默的重要原因之一。Li 和 Liu 认为比起不自信的学生，自信的学生更积极地参与课堂活动。[5]从教师方面看，教师的教学方法、提问策略和机会分布不均等都会导致学生英语课堂沉默。根据邰晓兰的观点，课堂提问是优化英语课堂教学的重要手段，同时也是师生交流信息、互动的重要方式。[6]科学的课堂提问不仅能让学生积极地表现自己，而且能使他们养成良好的思维习惯。相反，不恰当的提问可能会导致学生出现沉默行为。此外，不平等的机会分配也可能使学生保持沉默。先前的研究表明，如果教师常常让优秀或积极的学生回答问题，会使得一些成绩差或内向的学生得到发言的机会更少，久而久之，他们将变得更加被动。

（二）男女生在英语课堂沉默行为差异

为了回答"高中男女生在英语课堂沉默行为是否存在差异"，作者运用独立样本 t 检验来分析数据：

表2 高中男女生英语课堂沉默行为差异

男生人数（266人）		女生人数（355人）		t 值	显著性 p 值
平均值	标准差	平均值	标准差	2.27	0.02
3.06	0.85	2.90	0.77		

独立样本 t 检验结果显示，男生和女生的平均值分别为 3.06 和 2.90，显著性 p 值为 0.02，表明男女生在英语课堂沉默行为上存在显著差异，且男生比女生更沉默。

出现上述结果的原因可能有以下几点：首先，根据贾进强的研究发现男生在思维的深度、灵活性和独创性方面比女生更有优势，一般说来，他们倾向于理性思维，男生更喜欢学习数学和物理等科目。[7]而女生更倾向于形象思维，她们更喜欢学习英语或文学等科目，所以，相对于男生来说，女生在英语学习中要积极和活跃一些。其次，通过姚芬芳、潘衡跃、曹志英的研究结果发现，女学生在学习兴趣、学习动机、学习意愿和情感策略等方面比男学生更有优势，使得女学生在课堂上比男学生更积极，而男生相对要沉默些。[8]最后，黔南州的大部分学生是少数民族，他们从小生活在少数民族地区。一些同学可能带有很重的民族口音，这或多或少会影响他们的英语发音，由于这个原因他们可能不好意思在课堂上说英语，所以，当教师提出问题后他们宁愿选择沉默。

五、教学启示

综上所述，黔南州高中生英语课堂沉默现象是普遍存在的，且男生比女生更沉默。为了改变这个现状以提高教学效率，笔者提出了以下建议。

首先，重视师生的情感交流。根据教育心理学的相关知识，教师与学生的情感交流能够促进学生学习。所以，为了让学生能够积极主动地投入课堂教学活动，教师应当尝试主动与班上的学生进行交流，以便学生能对教师产生信任感，愿意敞开心扉，积极与教师进行互动。

其次，给予学生充分的鼓励和肯定。在高中生英语课堂教学中，很多学生并不是因为对教学内容不理解而选择沉默，而是害怕自己说错丢面子。因此，教师应当给予学生充分的鼓励和支持，让学生在课堂上有存在感，并认识到自己是教学活动的主体。此外，教师还应当给予学生充分的肯定，多表扬、少批评，当沉默的学生变得活跃时，整个班级的学习气氛就会跟着轻松活跃起来，当学生动起来时，学生的成绩自然而然就会有所提高了。

最后，要辩证地看待学生英语课堂沉默现象。任何事物都有两面性，我们应当用辩证的思维看待高中生英语课堂的沉默现象。沉默现象本身没有好坏之分，在某些情况下，一定程度上的沉默是有效的，但过分沉默就会导致消极的沉默。例如，当教师提出问题后，学生需要经过一段时间的思考才能作答，而这个时间的沉默是很有必要的，是积极的沉默。但在教师发出答题的指令后，如果学生依然是安静的或沉默的，这时的沉默就是消极的沉默，这对教师的教学和学生的学习是非常不利的。所以，在评价课堂教学气氛时，不能一味地追求安静的课堂纪律，也不能一味地让课堂时刻保持活跃的状态，而应把握好尺度，在课堂上有收有放、收放自如，只有这样，才能让学生在轻松愉快的环境中快乐的学习。

六、结语

总之,黔南州高中生英语课堂的沉默现象是普遍存在的,且男生比女生更沉默,这是诸多因素共同作用的结果。因此,为了能够有效打破学生英语课堂沉默现象,改变高中生英语课堂的教学氛围,提高学生参与课堂活动的主动性和积极性,笔者提出重视师生的情感交流、给予学生充分的鼓励和肯定、辩证地看待学生英语课堂沉默现象三条应对措施,希望能对打破学生英语课堂沉默和提高学生教学效率有所帮助。

参考文献:

[1] Phillips G M. The Problem of Reticence[J]. The Pennsylvania Speech Annual,1965(22):22-38.

[2] Cheng X T. Asian Students' Reticence Revisited[J]. System,2000,28(3):435-446.

[3] Liu N F, Littlewood W. Why Do Many Students Appear Reluctant to Participate in Classroom Learning Discourse?[J]. System,1997,25(3):371-384.

[4] Petress K. The Ethics of Student Classroom Silence[J]. Journal of Instructional Psychology,2001,28(2):104-107.

[5] Li H, Liu Y H. A Brief Study of Reticence in ESL Class[J]. Theory and Practice in Language Studies,2011,1(8):961-965.

[6] 贾进强. 性别心理差异探秘[M]. 北京:中央民族大学出版社,1997.

[7] 邰晓兰. 浅析新课改下高中英语课堂中的有效提问[J]. 中华少年,2017(11):73-74.

[8] 姚芬芳,潘衡跃,曹志希. 英语直接学习策略与间接学习策略的性别差异相关性分析[J]. 外语教学,2010,31(3):50-54.

基于《中国英语能力等级量表》的农村初中生英语听力现状调查及对策研究

罗永丽[①] 李 茹[②]

[摘要] 本文以问卷和半结构访谈的方式对黔南州182名农村初中生的听力水平与听力策略进行调查研究。研究发现：学生的听力水平处于较低层次；影响学生听力水平因素呈复杂性，其中听力学习意识薄弱是首要因素；学生听力策略与听力水平呈正相关。根据调查结果，笔者提出相应的对策和建议，以期对提高农村初中学英语听力教学有所帮助。

[关键词]《中国英语能力等级量表》 农村初中 英语听力

引言

人类的语言交流主要靠听力与口语表达，听是交流活动的前提，也是获取信息的主要途径。《义务教育英语课程标准（2011年版）》强调听是语言输入与输出的首要步骤。学生通过大量听力训练可增强感知语言和理解语言能力，为语言输出夯实基础，从而更好地应用于社会交际中。[1]当前，基础教育在强调发展学生语言交际能力的背景下，首个面向我国学习者的英语能力标准《中国英语能力等级量表》于2018年6月1日颁布实施。[2]刘建达认为《中国英语能力等级量表》以交际语言能力为基础，以语言使用为出发点，以"能……"为描述语的基本结构，为我国英语教学、学习和测评提供了统一标准，为我国建立将终结性和形成性相结合的综合评价体系奠定了基础。[3]本文针对少数民

---

① 罗永丽，黔南民族师范学院外国语学院2018级学科教学（英语）教育硕士研究生，研究方向：外语教学。

② 李茹，黔南民族师范学院外国语学院教授，硕士研究生导师，研究方向：社会语言学与外语教师教育。

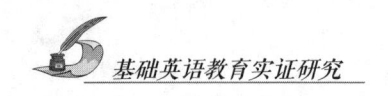

族地区初中听力教学与学习现状，探讨使用《中国英语能力等级量表》对初中英语听力教与学的作用。

一、对初中生听力教学要求

《义务教育英语课程标准（2011年版）》和《中国英语能力等级量表》都以"能用英语做事情"的描述方式设定各级描述语，旨在培养学习者的综合语言运用能力。在对初中生听力要求方面，《义务教育英语课程标准（2011年版）》与《中国英语能力等级量表》一共设置了九个等级。前者要求初中七年级至九年级学生应分别完成三、四、五级目标，后者的三级对应初中水平。《义务教育英语课程标准（2011年版）》要求初中生能根据语调和重音理解说话者的意图；能听懂有关熟悉话题的谈话，并能从中提取信息和观点；能借助语境克服生词障碍，理解大意；能听懂接近正常语速的故事和记叙文，理解故事的因果关系；能在听的过程中用适当的方式做反应；能针对所听语段的内容记录简单的信息。《中国英语能力等级量表》三级具体要求为：能听懂语速较慢的简短发言，获取关键信息；在收听感兴趣的广播节目时，能识别其主题；在观看熟悉的电视节目时，能获取主要信息。

从以上分析来看，《中国英语能力等级量表》与《义务教育英语课程标准（2011年版）》不仅在语言观都体现了高度的一致性，在以交际语言能力框架为基础的听力理解方面也不谋而合，都强调培养学生能听懂说话者意图并获取关键信息的能力。《中国英语能力等级量表》是一个新兴的理念标准，实现了在英语教学中的以评促学，真正意义上实现了"车同轨、量同衡"，在英语学习、教学、测评之间建起一座桥梁。

二、农村初中生听力现状与对策研究设计

（一）研究问题

第一，农村初中生英语听力的现状如何？第二，影响农村初中生听力水平的因素是什么？第三，农村初中听力策略使用与听力水平是否相关？相关性如何？第四，如何使用《中国英语能力等级量表》提高英语听力的教与学？

（二）研究对象

研究对象为贵州省某农村中学初三学生，共 182 人。其中，男生 80 人，女生 102 人；汉族 1 人，少数民族 181 人。学生在小学三年级之前开始学英语人数为 5 人，从小学三年级开始学英语人数为 57 人，初一开始学英语人数为 120 人。以及对 4 名初三英语教师进行了访谈。

（三）调查工具

研究采用问卷调查和半结构性访谈的方式来收集数据，问卷信度为 0.90，超过 0.07，达到要求。问卷包括两个维度：学生的自我评价——源于《中国英语能力等级量表》中的听力理解能力自我评价量表，信度系数为 0.89；学生听力策略运用，该部分通过改编王宇的听力策略调查问卷形成[4]，信度系数为 0.78。半结构性访谈的主要目的是了解影响学生听力水平的因素及师生对听力重视程度，进一步了解听力教学方法的运用和学生英语听力存在的主要问题，以此对定量数据分析进行补充。

（四）数据收集与分析

本次调查共发放问卷 182 份，回收率 100%。数据分析采用描述性统计分析得出各项的频数及该问卷的信度，用相关性分析和回归分析对学生水平与学习策略的使用之间的相关性，运用主题分析方法对访谈内容进行分析。

三、结果与讨论

（一）听力水平的现状——学生自评结果

通过问卷调查了解到学生的听力水平状况，总体情况如表 1 所示。

表 1　学生听力水平描述性统计情况分析

自评等级	总人数	平均值	标准差
一级	182	3.05	0.78
二级	182	3.60	0.82
三级	182	3.58	0.86

平均值代表学生的听力自评成绩，平均值越低说明学生听力水平越高。表1显示，一级水平的平均值最低（3.05）。数据分析表明大多数学生处于一级的水平，还没有达到三级水平要求，总体听力水平呈低下水平。学生对"能听懂……"描述语选择完全符合的比例最低，说明少数学生在听发音清晰、语速缓慢、用词简单的话语时，能识别有关个人、家庭及熟悉事物的词汇和短语，但是不能获取听力材料中的关键信息，识别主题的能力薄弱，当录音语速加快时学生极易产生放弃的心理。经调查，这一状况与学习者自身学习英语的起点和听力测评要求有关，大多数学生是从初一才开始学习英语课程，语言基础知识掌握不牢固，且该地区把听力部分加入中考的政策才实施两年，导致听力教学不受重视，学生的听力水平低下。

（二）影响学生听力因素——访谈结果

1. 访谈学生

对学生制定的访谈提纲包含学习困难、影响因素、学习方法和材料来源等内容。基于学生的回答了解到，学生能清楚地认识自己听力水平低的原因主要归结为：一是英语基础知识太差，词汇量少，导致在听录音过程中无法识别主题，不能获取关键信息；二是由于平时学习中听力输入过少，缺少英语输出的环境，导致播放听力录音时跟不上说话者的语速，不能听懂材料内容，易产生害怕或放弃的心理。此外，学生针对自己存在的问题也做了一些建议，大多数学生都提到了通过背单词、多开口读英语、多做听力练习等方式加强自身语言基础知识，还提到希望教师更严格要求学生，在课堂中多加入听力练习，以此提高学生的听力成绩。

2. 访谈教师

访谈教师的目的是了解听力教学状况和模式。首先，通过对四名英语教师进行访谈，了解到教师上课除指令语外基本上用中文且一周的听力时长不到两个小时，说明教师对学生听力的输入内容不足，但这一思想也在逐渐改变。其次，笔者针对人教版初三第一单元 *How can we become good learners？* 的听力部分，让教师简短阐述授课流程，发现听前、听中、听后这三个环节并没有明显地展示出来，仍沿用传统的"播放录音—听录音—核对答案"的模式，这种满堂灌的方式忽视了学生的主观能动性和师生合作交流的方式，听力材料与学生的认知不相符合，无法调动学生的积极性。

经调查和访谈结果表明学生听力水平呈低下水平与学生学习背景、学习策略、教师重视程度和教育评价相关。

3. 学生英语听力水平与学习策略的相关性分析

文秋芳[5]、郭颖[6]等研究表明学习策略与学习成绩存在一定的相关性。听力策略是剖析学生的听力水平状况的另一视角，对学生听力现状所存在问题的原因及如何提高学生听力水平有极大作用。为了解少数民族农村中学生的听力水平与听力策略是否存在相关性，笔者对二者之间进行相关分析。

在做相关性分析之前，笔者对学生听力策略的掌握与学生听力水平进行散点图运算，两者之间存在线性关系，呈正相关。因此，可以对二者进行相关性分析，检验两者的相关方向和相关程度，如表2所示，听力策略与听力水平间的相关系数为0.55，意味着它们有正相关的线性关系，即学生掌握的听力策略越高，听力水平就越高，显著性 p 值为0.00，表明二者之间的存在显著的相关性。认知策略、元认知策略和社会/情感策略的相关系数和显著性 p 值都达到了统计学水平上的要求，说明学生对听力策略的掌握与听力水平有较强的相关性。

表2 听力策略与听力水平的相关性

类别	听力策略	认知策略	元认知策略	社会/情感策略
相关系数	0.55**	0.55**	0.65**	0.29**
显著性 p 值	0.00	0.00	0.00	0.01

注：** 代表相关性在0.01水平显著。

为进一步了解学生学习策略与学习成绩的关系，笔者采用逐步进入法（Stepwise）对学生的听力策略和听力水平进行多元回归分析（见表3），元认知策略作为第一个变量进入回归方程，对学生自评结果的调整拟合系数为0.36；认知策略作为第二个变量进入回归方程后，对学生自评结果的调整拟合系数为0.40，但是经过系统调整后调整拟合系数降低，原因可能是问卷选项本身的问题影响它的调整值。基于以上分析，说明认知策略比元认知策略对学生英语听力的影响程度高。在学生回答的四个开放性问题中，学生偏向认知策略，只有语言基础知识掌握牢固了才能使听力水平提高，单词记忆是他们提高听力的途径之一，也是他们的弱项。

表 3 自评量表与各策略的回归分析

类别	相关系数	拟合系数	估计标准差	调整拟合系数	回归系数	标准回归系数	t 值	显著性 p 值
元认知策略	0.60**	0.36	0.36	0.36	0.40	0.43	5.65	0.00
认知策略	0.64**	0.40	0.40	0.04	0.22	0.27	3.51	0.00

注：** 代表相关性在 0.01 水平显著。

通过对听力策略与听力水平进行相关性和回归性分析，数据表明学生听力水平低下与其所使用的听力策略有关，影响学生听力水平的因素之一是学生在做题时不善于使用听力策略。通过调查，原因可能是教师在播放完录音之后立刻核对答案，但对如何使用听力策略没有得到系统讲授，导致学生欠缺听力策略，成绩没有提高、学习效率低下。

四、改善农村初中生听力教学的对策与建议

《中国英语能力等级量表》不仅是对学生提出学习方向，对教师的教学及评价机制上也具有一定的指导意义。为改善农村初中生听力教学的现状，可以得出以下建议。

（一）提高对英语听力的认识

Krashen 的"输入假说"是其二语习得理论的核心部分，强调当语言学习者大量接触略高于现有水平的可理解性输入时，语言习得就会实现，即"i+1"。[7]因此，传统的"哑巴英语"是不科学的，教师应提高对听力的认识，重视听力输入在整体教学中的作用，防止重读写、轻听说的错误引导。在课堂中，教师应多渠道选择贴近学生实际生活的材料、充分考虑学生的现有水平、给予学生充足的可理解性输入，提高学生对语言学习的兴趣；同时，将语言输入与语言输出相结合，教师应尽量创造真实语境，保障学生语言输出的最大化。

（二）增强学习动机，提升学生自主学习能力

根据 Gardner 的观点，二语学习动机是学习者在学习英语时想要达到某种愿望的努力程度。[8]学生的学习态度越端正、学习动机越强，就越有可能达到所设定的学习目标。这就要求教师突破传统教学的模式，结合农村民族特色，

充分开发地方教材、充分利用多媒体资源，培养学生英语学习的兴趣和动力，提高学生的学习积极性。教师要帮助学生学会理解和使用《中国英语能力等级量表》，这不仅为学习者提供了学习目标，还为学生的听力自主学习提供了可实施的渠道和方向。

（三）加强对语言基本功的训练

Goh 认为听力理解过程包含语言的辨别、词汇理解、语音。[9]学生在进行听力或日常对话时，如果听不懂对方所说，交流可能无法继续。只有学生具备扎实的英语基础知识，才有可能提高英语听力，这就要求学生加强英语基本知识的学习和积累。具体而言，学生必须有相当词汇的积累和语法的掌握，在单词学习中，学生要做到"字不离词、词不离句、句不离篇"，借助阅读积累生词，实现英语学习整体性，从而更好地服务于听力学习。

（四）强化听力策略的运用

基于听力策略与听力水平呈现高度的正相关性，且听力策略已成为影响学生听力学习的重要因素，因此，教师在进行听力教学过程中，必须教会学生科学运用听力策略。高丽萍认为听力理解是一个对听觉系统信息进行积极预测、筛选、释义和总结等系列的心理活动。[10]要克服学生的听力困难，提高听力效率，应注意培养学生预测、获取特定信息、抓住中心大意、增强记忆力的能力。学生在听的过程中，应帮助学生排除障碍，尤其在考试中学生普遍存在紧张、恐惧等不良心理，为学生听力水平的提高造成了困难。因此，听力训练应循序渐进，由易到难，逐步提高对学生的要求，通过强化符合农村初中生听力学习的策略和方法，有效提高听力教学，进而增强学生听力学习的信心。

（五）形成科学的听力教学评价机制

传统的测评通常关注英语学科的知识与技能，以终结性评价断定学生的能力，易忽视其社会意义及应用价值，不利于培养学生的语言运用能力。《中国英语能力等级量表》强调要建立一个形成性评价与终结性评价相结合的评价体系，促进了我国英语从测评的多元评价方式。[11]因此在英语听力教学中，教师不应只以学生的听力成绩评判其听力能力的高低，而应更注重在平时的训练过程中，学生是否真正听懂对方的意图、是否抓住关键信息，转变单一的测评方式，使形成性评价上升到教学理念层面指导英语教学，帮助学生排除"唯分数论"带来的压力，提高学生学习英语的动机。

五、结语

语言学习是语言输入与输出的过程,听力学习亦是如此,Krashen 的输入假设[7]、Swain 的输出假设理论[12]及文秋芳教授的输出驱动－输入促成假设[13]启示英语教师在听力教学中,强调大量输入的同时也要强化输出。然而,本文的研究结果发现在农村初中生的学习中听力往往是教与学的薄弱环节,困难主要表现为教师对听力重要性的认识不足,课堂上给学生英语听力的输入量少,且满堂灌的授课方式使学生没有机会对所学知识进行输出,导致学生易失去学习英语的兴趣;学生英语基础知识掌握不牢固、听力技巧掌握不足及教学评价机制单一的方式极易使学生产生受挫心理。基于这些问题笔者提出相关建议,教师应提高对英语听力的认识,通过将输入、输出相结合增强学生学习兴趣、使知识得到内化;加强对学生语言基本功的训练,增强学生学习英语的自信心;强化学生对听力策略的运用及教学评价方式的多元化。

参考文献:

[1] 中华人民共和国教育部. 义务教育英语课程标准(2011 年版)[M]. 北京:北京师范大学出版社,2001.

[2] 中华人民共和国教育部,国家语言文字工作委员会. 中国英语能力等级量表[S]. 北京:高等教育出版社,2018.

[3] 刘建达. 中国英语能力等级量表与英语测评[J]. 中国考试,2018(11):1-6.

[4] 王宇. 关于中国非英语专业学生听力策略的调查[J]. 外语界,2002(6):5-12.

[5] 文秋芳. 英语学习成功者与不成功者在方法上的差异[J]. 外语教学与研究,1995(3):61-66.

[6] 郭颖. 高中生英语听力策略调查研究[D]. 南昌:江西师范大学,2017.

[7] Krashen S D. Second Language Acquisition and Second Language Learning[M]. Oxford:Pergamon Press,1981.

[8] Gardner R C. Social Psychology and Second Language Learning:The Role of Attitudes and Motivation[M]. London:Edward Arnold Ltd,1985.

[9] Goh C M. How ESL Learners with Different Listening Abilities Use Comprehension Strategies and Tactics[J]. Language Teaching Research,1998,2(2):124-147.

[10] 高丽萍. 克服学生听力困难之我见[J]. 外语学刊(黑龙江大学学报),1997(3):77-79.

[11] 刘建达. 基于标准的外语评价探索 [J]. 外语教学与研究（外国语文双月刊），2015，47（3）：417—425.

[12] Swain M. The Output Hypothesis: Just Speaking and Writing Aren't Enough[J]. The Canadian Modern Language Review, 1993, 50(1): 158—164.

[13] 文秋芳. "输出驱动－输入促成假设"：构建大学外语课堂教学理论的尝试 [J]. 中国外语教育，2014，7（2）：3—12.

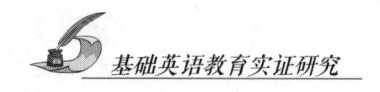

语篇分析知识对英语阅读教学设计的影响

翁昌燕[①]

[摘要] 本文通过对2014年贵州省黔南州同课异构公开课的设计及对部分教师语篇知识问卷和学生阅读习惯的调查，发现现阶段教师及学生对语篇分析的陌生现状：一些教师阅读课教学中忽略对文章的整体了解而只注重细节理解，忽略对作者谋篇布局的思路解读；学生对语篇知识缺乏认知，阅读只是机械寻找细节。针对这一现状笔者提出了中学阅读教学应贯穿语篇知识以解读文本为主线进行教学设计的观点，以提升学生对英语文本布局的整体了解。

[关键词] 语篇分析　阅读教学　文本解读　课文设计

一、引言

有效的阅读是读者能与文本及文本作者进行沟通与交流的结果。教师在平时的教学中都非常重视阅读的教学，每个单元的教学重点也在阅读文本中体现。在贵州省高考使用的全国Ⅱ卷中，阅读理解总分为40分，而贵州省高考阅读理解的均分只有18分。贵州省考生英语阅读及格率在24.00%左右。在平时的教学中，教师都深知"得阅读者得天下"，也很重视学生的阅读训练，可是每次考试下来，学生失分最多、导致不及格或不能得高分的还是阅读理解部分。问及原因时，师生都认为，阅读能力的提高受到词汇、语法知识的制约，要提高阅读能力是较难的。作为教师，在给学生做大量阅读训练时，更应该给学生阅读策略的指导。

---

① 翁昌燕，贵州省黔南民族自治州都匀二中英语特级教师，黔南民族师范学院外国语学院研究生校外导师。

目前，教师在进行阅读课设计时，基本能够按照文本的特点和具体的学情设计阅读教学中的问题，可是在设计时因缺乏相应的语篇阅读知识，又受到传统模式的束缚，设计的问题趋于模式化，没有能有效训练学生在文本阅读时的思维。本文以贵州省黔南州同课异构公开课教学设计为例，从两堂课例分析教师在进行叙事性阅读课设计时运用了语篇分析和没有语篇分析意识的两堂课及之后对部分教师和学生进行语篇分析、调查问卷分析，提出语篇分析对教学设计的影响并提出相应语篇分析阅读策略。

二、同课异构教学设计，体现不同语篇意识差异

本次公开课展示活动是以人教版《普通高中教科书　英语　必修　第二册》第一单元 *Cultural Relics* 为同课异构素材。分析在教学设计中，A 教师运用了语篇分析进行阅读设计，使得课文设计清晰，能深层次挖掘文本内容，并对学生阅读起到了实际的指导意义。此节内容设计话题为文化遗产，文中对曾经在普鲁士建造的一座辉煌的琥珀屋的历史变迁进行介绍，以便让学生了解保护文化遗产的重大意义。在设计该课时，A 老师就考虑到此篇文章体裁为记叙文，学生对该文谈及的"琥珀屋"不是很了解，导入部分就先介绍了一些非物质文化遗产，以便学生读后能和作者的写作意图产生共鸣。在学生现有词汇量积累的基础上，经过系统的阅读技巧训练后，用教师所教授的技巧进行思考，就不难找到文章的主旨及作者要表达的写作意图了。在略读（Skim）部分，A 老师没有直接让学生进行快速阅读，而是先教学生看标题（Title）、副标题（Subtitle）、图片（Pictures）。然后又告知学生在阅读时要注意每一段的首句和尾句。在做略读（Skim）时，这位教师和其他老师设计方法一样，都是让学生找出此文章的主旨。不同的是，继而，教师又让学生略读文章并找出每一段的主旨（skim the text and then match the main idea of each paragraph）。

Para. 1　A. How did the Amber Room become one of the wonders of the world?

Para. 2　B. How was a new Amber Room built?

Para. 3　C. How did the Amber Room get lost?

Para. 4　D. How was the Amber Room made?

Para. 5　E. Why did the King of Prussia give the Amber Room to the Czar of Russia as a gift?

这样的略读（Skim）设计就考虑到了以全文为整体，达到对文本的整体解读效果。在进行浏览（Scan）时，教师提醒学生在阅读时注意在阅读文章前找到关键词（find the key words before reading the passage）。也就是在文章发展的过程中，作者会围绕 5W（Who、What、When、Where、Why）及 1H（How）问题并让学生注意到同义词和同义句。在这位教师的教学设计中，就注意到了段与段之间的联系，注意到同义词、同义句，这些其实就是语篇分析中的衔接与连贯。衔接是语篇特征的重要内容，它主要体现在语篇的表层结构上。通过语法手段和词汇手段体现出语篇知识，常涉及的保持语篇衔接与连贯的词汇用法有词汇及搭配、前缀、后缀、派生、同义、近义、反义、省略、重复、上义、下义等。这篇阅读材料的体裁为记叙文，A 教师的教学设计明显地用上了语篇分析中的叙事结构知识，而学生则能在 A 教师的语篇思维课堂设计中达到对课文的整体了解及学到一些较为实用的阅读技巧。B 老师的课堂上导入是万里长城、泰姬陵等非特质文化遗产的一些图片，让学生认识了这些伟大的世界建筑是文化遗产的部分。总结文化遗产的特点之后，B 老师直接叫学生读第一段找出一些关于"Why is it called Amber Room?"的细节，学生根据老师的要求找到了（The amber room 的 color、birthplace、design、material、time to complete）。接着老师以完成表格的形式要求学生阅读全篇找到"In which year who did what to the Amber Room?"这样的方法从学生完成情况看来，似乎是可以解读文章细节了，但实际上教师没有能够从语篇分析的角度为学生分析出作者谋篇布局的思路，学生读过此文后也只是知道片面，都只是为了读懂基本信息或只关注文本细节，忽视了语篇是一个有内在逻辑的主体。所以 B 教师的教学设计所涉及的问题难免零碎，仅仅是浮于文本的表面信息。

三、再次走进设计，梳理语篇分析

语篇是指实际使用的语言单位，是在交际过程中由一系列连续的语段或句子所构成的语言整体，它可以是对话，也可以是独白，既包括书面语也包括口语。语篇分析包括宏观语篇分析和微观语篇分析。宏观语篇分析主要是分析语篇的体裁结构、题材信息、语境分析、内容分析、推理与判断、主旨与细节、事实与观点、文化分析、语篇目的、作者意图及评价等。微观语篇分析主要是判断并有效识别保持语篇衔接与连贯的标记，既有显性标记也有隐性标记。学生可以从文章的体裁、题材、大意、上下文语境、词语的衔接、要点词语句型、作者的写作意图等各个角度去分析语篇。语篇是按一定的思维模式组织起来的，语篇的内容决定了语篇的结构，语篇结构中常见的有议论结构、描写、说明结构、叙事结构等。其中叙事结构是阅读中常见的结构，叙事可见于很多种类的语篇中，如故事、个人回忆录、信件、新闻报道及某些广告、讲演、会见等形式的语篇，完整的叙事结构可以包括六个部分。

第一，点题。叙述者在叙述故事前对故事的简要概述就称为点题，大多数的叙事结构都有这一部分。第二，指向。在点题后，叙述者在故事的开始对时间、地点、人物及其活动或环境的描述称为指向。第三，进展。进展是指故事本身的发生、事态的发展。进展是叙述结构中的核心部分。第四，评议。评议在叙事结构中十分重要，叙事者对故事发生的原因、故事的要点、叙述故事的目的评论等。评议可用于各种形式表达，渗透整个故事结构。第五，结局。结果是指一系列事件的结束，这一部分所描述的是故事的结果。第六，回应。在叙事结构的结尾，往往会有一两句话表示故事的结束。叙述者用这一两句话来接应主题，使听者对叙述有一个完整的了解，对故事有一个有头有尾的满意感，这一部分把叙述者和听者从故事中带了出来。

综上所述，叙事性的模式开始点为点题→ 指向→进展→结局→回应。对叙事的评价渗透在进展和结局之中，掌握了叙事结构的拉波夫分析模式，就可以根据模式很快地找到叙事结构中常用来设置问题的部分了。掌握了叙事结构谋篇布局的规律，阅读时就可以有的放矢地找寻答案的大概方位了。在 A 老师的教学设计和实施过程中，用上了语篇分析中的整篇理解思路、宏观语篇分析、语篇的衔接与连贯、能将 5W 及 1H 问题作为引导学生做浏览（Scan）的引导，将语篇知识贯穿于该课设计之中。遗憾的是在十四位展示课教师中，笔者只在这堂课上发现语篇分析运用于教学设计中。虽然其他的课堂展示似乎也是热热闹闹的，但其实课堂设计都只是肤浅地对文章表面意思做大致了解，学生收获到的阅读信息及技巧不多。

四、深入师生问卷，实际了解阅读语篇意识

教师对阅读中语篇知识了解情况如何呢？为此，公开课活动结束后，笔者又抽取了三所学校的 56 名教师做了有关高中学生语篇阅读问卷，问卷内容见表1。

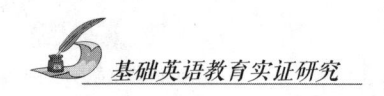

表 1　高中学生语篇阅读问卷

1. 你了解英语文章体裁和题材的区别吗？
2. 你在设计阅读课时会注意让学生注意分析文章的体裁和题材吗？
3. 在指导学生进行阅读部分学习时，你会结合文章标题和文本结构梳理文章主线脉络吗？
4. 在指导学生阅读时，你会根据文章脉络带领学生理解深层次的表达含义吗？
5. 你会在阅读时指导学生找文章主题句及每段主题句吗？
6. 在教学中，你会从解读整个文本的角度引导学生去阅读吗？
7. 语篇理念下的阅读教学强调语篇结构和语义的完整性，在教学中你能注意句子之间、段落之间，句子与主题句之间的关系吗？
8. 你知道高考英语阅读文章有哪些体裁吗？
9. 你知道英语阅读中提问常用的 5W 和 1H 问题吗？
10. 读过文章后，你会思考作者的写作意图吗？

根据问卷结果可以分析出，教师对于文章的体裁和题材还是了解得较多的。但是平时教学中对于阅读教学课的设计通常只注重浏览语篇，以了解大致的文本信息和语篇所包含的新的知识点。然后套用阅读教学的程序设计问题，以呈现文本信息和新的语言现象。教师对于表面的语篇知识还是了解的，但是往往会忽略整体解读文本，导致文本内容碎片化，而忽略了谋篇布局的思路，基于这样的文本解读所设计的阅读教学问题难免零散而仅仅是浮于表面。从问卷结果中也反映出很多教师对于专业的语篇阅读知识了解太少，以致制约了对阅读课教学法的影响。

高中学生在英语阅读过程中语篇知识的运用情况如何呢？下面问卷的统计可以从数据上反映高中学生对语篇知识的了解及运用情况（见表 2）。

表 2　高中学生语篇分析调查问卷

题号	题目
1	你阅读英语文章时是逐字逐句把英语翻译成汉语吗？
2	你阅读英语文章时是从头到尾逐句阅读吗？
3	你做阅读理解时是先阅读问题再根据问题略读或细读文章吗？
4	你读文章时是先会大概浏览一遍，了解大意后再根据问题细读找答案吗？
5	你在阅读英语文章时会根据上下文猜测生词的意思吗？

续表

题号	题目
6	你在阅读文章时注意分析文章的体裁和题材吗？
7	你会在阅读时找文章主题句及每段主题句吗？
8	阅读英语文章时，你会注意段落之间的联系吗？
9	阅读文章后，你会思考作者谋篇布局的思路吗？
10	读过文章后，你会思考作者的写作意图吗？

注：调查总人数为高二年级126人，其中高二（1）班理科实验班56人，高二（5）班文科实验班70人，学生学习基础较好。

根据表2可知这两个班学生基础较好，有较好的阅读习惯，阅读时不会逐字逐句翻译，能对文章形成较好的整体了解。大部分学生在浏览文章的基础上，根据需要回答的问题进行细节理解或是根据上下语境分析词义，这说明学生的阅读习惯是较好的，但问及与语篇分析有关的阅读技巧时，从问卷中就可以反映学生在平时的阅读中不会对文章的体裁题材进行思考。由于缺乏语篇知识，学生在阅读过程中会随着问题寻找细节及文章主旨，但是不会去找出段与段之间的衔接及段落的主题句，更不会去揣摩作者谋篇布局的策略，最终造成"只见森林不见树"的阅读结果。想要提高阅读水平，了解文章的整体布局，还需要用语篇分析知识进行阅读。而教师也应具备语篇分析知识，以便对学生的阅读策略进行有效指导。

树立语篇理念走出碎片化文本误区。一篇好的文章，一定是词汇、语法、内容的完美结合。阅读是要弄明白作者在写此文章时的谋篇布局，把握文章的结构与脉络，从理解整篇内容入手，分析句际、段际关系，然后分段找出中心思想和重要信息，再把一些长句、难句放在一定的语言环境中进行语法分析与训练。教师在指导阅读课时，应思考贯穿文本始末的主线，利用主线串联各个信息点。语篇中不同段落大意的简单相加不等于语篇作为整体要表达的观点和意图，读者要以语篇为单位从整体把握文本内容。[1]"语篇理念下的阅读教学强调语篇结构和语义的完整性，这就要求读者在阅读中超越句子层面的理解，走向以语篇为单位的整体阅读理解。"[2]作为阅读课设计指导的教师，首先，必须站在语篇的高度解析文本，理清文章脉络和语篇逻辑，抓住文章主旨，体会文章要义；其次，要根据文章的主旨正确理解细节信息，把握细节信息的附着点。[3]教师在进行阅读课设计时，需要依托文本典型特征和语篇优势，理顺语篇主线和文本整体的关系，从而提炼语篇对阅读设计的关键要素。

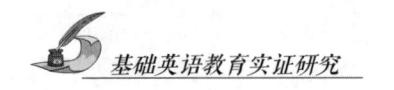

五、结语

如果作者的写作过程是一个编码过程,教师用语篇分析指导阅读分析便是对作者的编码进行解码的过程。结合考试我们需要了解,高考对语篇考查的要点是要求学生学会抓大意、抓语篇的组织结构、抓细节、领会作者的写作意图。对一个语篇进行解释就是要将体裁和语篇分析的相关理论运用到教学中,逐步引导学生理解和掌握特定体裁的语篇所表现出来的特定的交际意图和语篇结构及模式,形成以解读整体文本,进行语篇分析角度下的阅读教学设计。

参考文献:

[1] 傅咏梅. 从同课异构看文本解读对高中英语阅读教学效果的影响 [J]. 中小学英语教学与研究,2012(12):48—51.

[2] 戴军熔. 高中英语阅读文本解读的基本框架与策略 [J]. 中小学英语教学与研究,2012(4):20—28.

[3] 傅咏梅. 例谈文本解读缺失和失当对阅读教学问题设计的影响 [J]. 中小学外语教学(中学篇),2014,37(2):10—14.

第三部分

语言学习方法与策略研究

高中生英语听力策略使用情况的调查研究
——以贵定县第一中学为例

曾德艳[①]　杨昌霞[②]

[摘要] 本文采用问卷调查、访谈等方式抽样对黔南州一所高中400名学生的听力策略使用情况进行研究，并借助SPSS 16.0对所收集的数据进行分析，了解学生英语听力策略使用的总体情况及高一、高三学生听力策略的差异。经研究发现高中生英语听力策略的运用频率只处于中等水平，策略使用分布很不均衡；高一和高三学生听力策略的使用存在差异。本文基于这些结论提出三点教学建议。

[关键词] 高中生　英语听力策略　策略运用

一、引言

听力策略是语言学习者为完成听力任务、提高听力理解能力所采取的方法或手段。作为听、说、读、看、写五项语言技能之一的听力处于首要地位，是人们有效交流的基础，因此引起了许多国内外研究者的关注。据统计，交际中人们45.00%以上的时间用于听，30.00%的时间用于说。[1] Nuana通过对60名香港大学一年级本科生进行研究，得出听力教学要有相对应的策略训练的结论。[2] 任素贞在对听力教学与策略训练研究时，得到了学生听力水平的高低和听力策略的使用相关的结论。[3] 吕长竑选取刚进入大学英语四级学习的两个非

---

① 曾德艳，黔南民族师范学院外国语学院2017级学科教学（英语）教育硕士研究生，研究方向：外语教学。
② 杨昌霞，黔南民族师范学院外国语学院副教授，硕士研究生导师，研究方向：英语教学理论与实践。

英语专业的自然班中 20 名学生分别组成实验组和控制组，实验组接受了为期一个学期的听力理解认知策略训练，其研究发现实验组的听力成绩明显高于控制组且策略训练对优等生效果不显著，但对于中等生和差生的帮助比较显著。[4]然而这些研究的大部分都是针对大学生，王初明是研究英语专业学生而刘绍龙研究的是成人。[5][6]只有苏远连研究的是中学一年级的学生，针对不同年级在听力策略使用上的差异更是很少。[7]

综上所述，研究高中生英语听力策略很有必要，尤其是研究不同年级使用听力策略的差异性更有必要。

目前高中英语听力现状的背景及已有研究的启发下，针对高一和高三学生英语听力学习策略的使用情况展开调查，拟解决两个问题：第一，受试整体听力策略的使用情况如何？第二，不同年级的学生在听力策略使用上是否存在差异？试图在对高一和高三学生英语听力策略运用情况进行分析的基础上，探究学生英语听力学习策略使用的特点及存在的困难，并对高中英语听力教学和策略训练提出针对性的建议。

二、研究方法

（一）研究对象

本次调查的研究对象为黔南州贵定县第一中学 376 名高一和高三学生，其中高一有 229 人，高三有 147 人，以自然班为研究单位。

（二）研究工具

1. 问卷调查法

本文的研究使用了问卷和访谈两种调查方式。听力策略调查问卷以王宇听力策略调查问卷为蓝本[8]，并参照了黄盛的英语听力策略分类[9]，后经调查小组根据高中生英语学习的实际情况做出调整。为保证研究的有效性，笔者对问题的设置询问了相关专家。问卷共 30 道题，分别对学生的元认知策略（1~12）、认知策略（13~26）和社会/情感策略（27~30）进行调查。元认知策略是指学习者有预先计划、自我管理监督、评估学习方式的策略；认知策略包括记忆、猜测、字典使用和记笔记等策略；社会/情感策略是学习者运用外界的环境来学习英语，如与他人互动合作学习等。[10]问卷采用李克特五级量表计分，从"这句话不适用于我"（1 分）到"这句话完全适用于我"（5 分）。

2. 访谈法

本文的研究采用半结构式访谈法对隐性变量进行数据收集，目的是通过与调查对象实际交流获取与本文调查主题相关的信息，如高一和高三学生学习第二语言学习的态度等。笔者从受试学生中随机抽取二十人进行访谈，其中高一和高三各十人，访谈提纲是笔者根据实际研究需求自制的。

3. 数据收集与分析

此次调查共发放问卷 400 份，回收有效问卷 376 份，有效回收率为 94.00%。调查以无记名的方式让学生在 25 分钟内完成，数据的收集于 2017 年 10 月完成。问卷收集后，数据分析采用 SPSS 16.0 对数据进行描述性统计和独立样本 t 检验分析。

三、结果与讨论

（一）高中生英语听力策略的整体使用情况

按照 Oxford 学习策略五级量表，每个学习策略平均值的大小代表了该策略的使用频率：1.00~2.49 表示"很少使用该策略"或"从不使用该策略"；2.50~3.49 表示"有时使用该策略"；3.50~5.00 表示"总是使用该策略"或"经常使用该策略"。

图 1 表示的是高中生英语听力策略的整体使用频率，从上表中可以看出社会/情感策略的平均值是 3.44，表示其处于"有时使用该策略"。认知策略的平均值是 3.05，元认知策略的平均值是 2.95，也处于 2.50~3.50。图 1 直观表明高中生英语听力策略的使用频率只是处于中等水平，策略使用分布很不均衡，对于高中生来讲，整体情况不是很乐观。通过对问卷和访谈结果的分析，高中生听力策略使用不乐观的原因主要是学生学习英语听力完全是迫于高考指挥棒的压力，是一种外在压力的被动学习，自主学习、自我监控与评估能力很弱；很多学生认为高考中听力成绩占总成绩的比重较小，听完听力后往往就翻页了，没有对听力的操练和练习进行归纳、分析和总结，易忽视听力成绩，而把学习重点放在阅读、语法、完形填空等其他内容上；面对听力时，学生不会调节自己的情感，不能减小对听力学习的焦虑感，做不到自我鼓励，导致他们运用听力策略的积极性不高，使用听力策略的水平偏低。通过对三种策略比较，社会/情感策略比认知策略和元认知策略使用频率更高，而元认知策略使

用频率最低，策略使用频率从高到低为：社会/情感策略、认知策略、元认知策略。

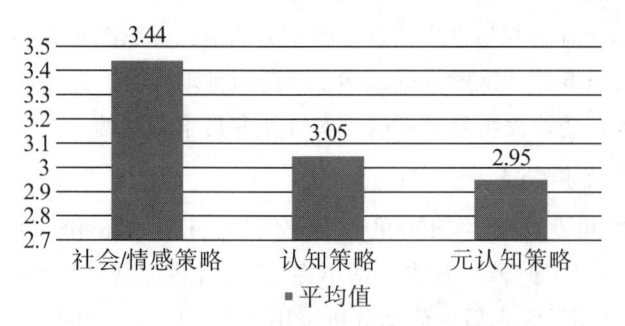

图 1　听力策略整体使用频率平均值统计图

（二）高一和高三学生英语听力策略差异

通过 SPSS 16.0 独立样本 t 检验分析，由高一和高三两组学生的策略使用情况如表 1 所示。

表 1　高一和高三年级英语听力策略使用情况的独立样本检验表

学习策略	平均值 高一	平均值 高三	标准差 高一	标准差 高三	t 值	显著性 p 值
元认知策略	2.60	3.48	0.60	0.55	−14.61	0.03
认知策略	2.76	3.51	0.67	0.55	−11.88	0.00
社会/情感策略	3.20	3.81	0.98	0.79	−6.73	0.00

表 1 结果显示高一和高三学生在三种听力策略上的使用都存在显著性差异，其中显著性差异最大的是社会/情感策略，其次是认知策略，最后是元认知策略。

从表 1 可得，两组学生社会/情感策略的使用存在显著性差异：高一学生社会/情感策略的使用的平均值为 3.20，小于高三社会/情感策略的使用的平均值为 3.81，因此高三学生的社会/情感策略的使用频率高于高一学生。社会/情感策略是指学习者在学习过程中培养、调整、控制自己情感的策略，如克服英语学习中的紧张和焦虑心理等。史耀芳认为学习者没有意识到本人的情感和社会交往也是学习过程的一部分，所以学生在与教师、同学交流时会有困惑的感觉，导致他们在听力练习中也会相对保守。[11]这与研究结果一致，据访谈结果可知高一学生在情感上的控制低于高三学生在情感上的控制，高一学生刚进入一个新的学习环境，同教师和同学的交流中存在障碍，高三学生则反之。

两组学生认知策略的使用存在显著性差异，高一学生认知策略使用的平均值为2.76，小于高三学生认知策略的使用的平均值为3.51，因此高三学生认知策略的使用频率高于高一学生的。根据认知理论，听者在理解、吸收输入信息的时候，需要将所输入的信息与大脑中已知的信息或背景知识相联系起来。[12]也就是说听者在具备或被提供背景知识后，能较快地进入听力状态，主动利用大脑中已有的背景知识解码话语，弥补生词、难句所造成的信息差，从而保障整体理解文本的实现。[13]社会背景知识和相关学科知识也会影响一个人的听力理解水平，所以教师应拓宽教学内容，不能只局限在语言和文学的范围内。[14]基于这些理论，结合访谈结果，笔者认为高一年级在认知策略方面低于高三学生，其原因是高一学生在初中已经完全适应了教师讲、学生听的教学模式，而高三学生在听力学习中会结合上下文去猜测，推理听力内容，有较强的认知意识。高三学生的社会背景知识和相关学科知识高于高一学生的。高三学生面对高考压力增大，他们较高一学生对英语听力学习的认知有较好的掌握。

两组学生的元认知策略使用存在显著性差异，又高一学生元认知策略使用的平均值为2.60，小于高三学生元认知策略的使用的平均值（3.48），因此高三学生认知策略的使用频率高于高一学生的。这一结论与Vandergrift结果一致。他认为高水平的英语学习者更趋向于使用元认知策略，从宏观上利用自己掌握的背景知识把握整体听力任务，计划和分配自己的认知注意力，对学习效果进行监控和评估。[15]史耀芳指出元认知（监控系统）起整体控制和协调作用，其发展水平直接促进或制约其他方面的发展。[11]高一学生都处于被动学习模式，而高三学生面对高考压力，主动性高，自主学习的能力也比高一学生强。因此，在教学中教师要有意识有组织地培养学生元认知策略的意识，使学生学会自主学习。尤其是对高一学生的英语听力元认知策略的指导迫在眉睫。

四、教学建议

英语听力策略对提高学生听力水平，培养自主学习能力的作用不可忽视，但事实上高中生学习策略使用水平不高。应《普通高中英语新课程标准（2017年版）》的要求，为解决这一矛盾，笔者提出以下建议。[16]

（一）将听力策略的培养纳入日常教学中

《普通高中英语课程标准（2017年版）》学科核心素养之一的学习能力要

求学生能够积极运用和主动调适英语学习策略、拓宽英语学习渠道、努力提升英语学习效率的意识和能力。[16]根据调查结果可知，提高教师的策略意识和策略训练水平，将策略训练融入日常教学过程已迫在眉睫。学生的听力策略使用情况差强人意，从另一个侧面也反映了教师的听力策略水平也不高，教师很可能对听力策略也知之甚少。教师要有强烈的参与意识，应积极主动了解和发现有关英语学习策略研究的最新成果，提高学习者的策略意识，增加其策略的选择范围，训练和培养他们的策略意识，鼓励学生学会使用听力策略，引导学生根据听力任务适时选择恰当的听力策略，从而提高学生使用听力策略的能力和英语听力水平。

（二）听力策略的培养要重视年级差异

教师对于培养学生的听力策略应重视年级差异，前文表1调查数据显示三个变量（认知策略、元认知策略和社会/情感策略）的显著性 p 值都小于0.05，表明高一学生和高三学生在使用这三种策略上都有显著性差异且高一的策略使用的频率普遍低于高三学生的。高一学生刚步入高中生活，仍以初中时的学习态度对待高中学习。因此，教师应该帮助学生尽快适应高中的学习节奏，转变角色。

（三）激发学生英语学习兴趣，提高元认知策略使用能力

元认知是对认知的认知，是学生对自己学习系统全面了解与整体的调控和协调。元认知策略的使用能够激发学生自主学习。《普通高中英语课程标准（2017年版）》倡导指向学科核心素养发展自主学习、合作学习、探究学习等学习方式。由此可见，提高学生自主学习的能力的重要性。[16]通过前文表1可知高中生整体使用元认知策略水平很低，处于被动学习模式。因此，在教学中教师要有意识有组织地培养学生使用元认知策略的意识，促使学生学会自主学习。

参考文献：

[1] Gilman R A, Moody L M. What Practitioners Say About Listening:Research Implications for the Classroom[J]. Foreign Language Annals,1984,17(4):331-334.

[2] Nunan D. Strategy Training in the Language Classroom:an Empirical Investigation.[J]. RELC Journal,1997,28(2):56-81.

[3] 任素贞. 策略教学法与外语听力教学 [J]. 外语界，2003（2）：55－60.

[4] 吕长竑. 听力理解学习策略训练 [J]. 外语教学，2001，22（3）：89－92.

[5] 王初明. 中国学生的外语学习模式 [J]. 外语教学与研究，1989（4）：47－52.

[6] 刘绍龙. 背景知识与听力策略——图式理论案例报告 [J]. 现代外语，1996（2）：42－45＋30.

[7] 苏远连. 论听力学习策略的可教性———项基于中国外语初学者的实验研究 [J]. 现代外语，2003，26（1）：48－58.

[8] 王宇. 关于中国非英语专业学生听力策略的调查 [J]. 外语界，2002（6）：5－12.

[9] 黄盛. 听力学习策略的分类及训练方法 [J]. 山东师范大学外国语学院学报（基础英语教育），2008，10（4）：30－34.

[10] 李容萍. 浅谈英语词汇学习策略 [J]. 科教文汇，2009（7）：151＋157.

[11] 史耀芳. 浅论学习策略 [J]. 心理发展与教育，1991（3）：55－58＋53.

[12] 赵学凯. 认知学习理论与外语电化教学实践 [J]. 外语电化教学，2001（1）：36－39.

[13] 周相利. 图式理论在英语听力教学中的应用 [J]. 外语与外语教学，2002（10）：24－26.

[14] 蒋杰. 高中英语教学中文化渗透策略的研究与实践 [J]. 中小学外语教学与研究，2005（9）：54－58.

[15] Vandergrift L. The Comprehension Strategies of Second Language (French) Listeners: A Descriptive Study[J]. Foreign Language Annals, 1997, 30(3): 387－409.

[16] 中华人民共和国教育部. 普通高中英语课程标准（2017年版）[M]. 北京：人民教育出版社，2018.

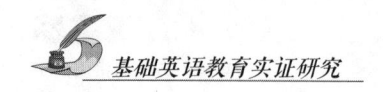

元认知策略在黔南州高中生英语听力学习中的应用调查

陈 韵[①] 杨昌霞[②]

[摘要] 本文对贵州某高中三年级100名学生学生元认知听力策略在听力学习中的使用情况进行调查，结果表明高中生使用元认知策略总体处于中等频率，且听力练习的频率与元认知策略的使用显著相关，并就此提出了四条建议。

[关键词] 元认知策略 听力学习 高三学生

一、引言

随着心理科学不断发展，一些心理学家利用计算机有效地模仿了问题解决策略，从而形成"学习策略"概念。Duffy认为学习策略是学习者学习的规则、程序和方法[1]，史耀芳认为学习策略是学习者在学习的过程中对输入信息进行加工的过程。[2]

《认知发展》一书提出了元认知这一概念，指出元认知是个体对自己的认知过程进行主动的监测及连续地调节和协调，是基于认知的认知。根据Anderson的认知框架将语言学习策略分为元认知策略、认知策略和社会/情感策略。元认知策略是学习者通过计划、监控及评估对认知过程进行调整，它对提高学习效率起着极为关键的作用。

"听"和"读"都是语言输入的途径，但是要想读就必须知道言语的发音，

---

① 陈韵，黔南民族师范学院外国语学院2017级学科教学（英语）教育硕士研究生，研究方向：外语教学。

② 杨昌霞，黔南民族师范学院外国语学院副教授，硕士研究生导师，研究方向：英语教学理论与实践。

那么就需要通过"听"进行输入的第一步，就如同母语学习一样，"听"永远是作为语言输入的首要步骤，因此"听"在语言学习中起着至关重要的作用。

二、元认知策略与英语听力课堂

（一）元认知策略与英语听力

Wenden 指出，增强学生元认知策略的使用频率是培养学生自主学习能力的重要因素。[3]当代的教学环境下，教师的任务之一是传递知识，最终接收、内化并使用知识的是学生，整个知识的内化过程即对知识的认知过程是由学生独立完成的，这个过程是学生自主学习的过程。自主学习强调的是学生在学习中的主动性，学生为了提高自主学习的效率，需要对整个学习过程进行合理的计划及安排，并实时根据自己的实际情况及时地调整学习方法，以求达到高效学习的目的。计划、调整的过程就是元认知的过程。元认知水平越高的学生，他的学业效率也就越高，自然成绩也会得到提升。元认知学习策略在学习者学习的过程中帮助学生规范他们的认知行为，并有序地计划、安排、监测和控制他们的学习过程，从而提高他们的学习效率，使学生在英语学习过程中发现适合自己的学习方式，成为英语学习过程中真正的主人。

在听力学习中使用元认知策略有利于转变学生在听力学习中的认知和学习态度。一直以来听力课堂多是传统课堂，多以教师为主体（教师播放听力材料；学生选择答案；教师与学生一块核对答案；教师回放听力材料并逐句翻译，逐题讲解）。部分教师看似将听力课堂的主导权还给了学生，播放听力材料后，将其余的时间留给了学生自主探索、自主学习，但是学生对于听力的学习策略完全是茫然的，于是重复着和传统课堂相同的听力学习模式。在这样的学习模式下会造成两种结果：学生一直努力学习听力，但是结果与努力成反比，因而增强了听力学习中的负动机；在同一模式的学习环境中，学生认为听力学习就只有一种学习模式，为此感到听力学习十分无趣从而产生怠慢心理，造成学生听力成绩很难被提升。在进行听力学习时，学习者没有站在宏观的视角对学习过程进行妥善的规划是造成以上两种结果的原因。因此，学习者可在听力训练过程中运用元认知策略，对听力学习过程进行管理调整形成有效的学习策略，以期达到实效性的听力学习。教师应强化学生在听力学习中的成功动机，将学习者对听力学习的态度向积极正面的方向引导。

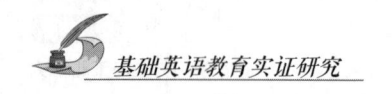

（二）听力课堂现状

现阶段中学英语听力课堂，学生是课堂的主体，教师只是课堂学习资源的提供者及课堂有序进行的辅助者。教师在教学课堂中提供一些听力材料、传授少量的听力学习策略而后将大部分时间留给学生自主学习，很少有意识地对学生的元认知意识进行培养，故而学生对听力学习的认知停留在"听材料—核对答案—回放材料"的模式上，对听力策略的使用没有很好的认知，教师依然作为听力教学课堂的主导者而存在。尽管教师及学生对于听力理解的重要性都予以了肯定，但由于传统英语听力教学的局限性极大地削弱了听力教学的成果及学生基于听力理解的学习效率，因此听力学习一直是黔南州高中生英语学习的一块短板。

（三）研究现状

国外相关学者 Thompson 和 Rubin 认为区别语言学习策略中的元认知策略和认知策略具有重大意义，因为这些区别可以使我们明确那些策略是提高学习效率的关键且元认知策略（计划、监控、调节）在提高学习效率方面起到了关键作用。[4]其他学者在研究中表明元认知学习策略对听力理解具有正影响。

国内相关学者张正厚、冯海云、付有龙等的研究表明，元认知策略对听力学习中有显著的中介效应。[5]刘沙沙在研究中也指出在听力学习角度而言，元认知策略的使用有助于学生增强学习信心使其能达到实效性的学习结果；从教学角度而言，元认知策略能更好促进听力教学传统课堂的改革，提高听力教学效果。[6]苏远连、杨坚定在研究中表明元认知学习策略对听力理解有重要作用。[7][8]

三、元认知策略在高中生英语听力学习中的应用调查

（一）研究问题

本文的研究通过调查高中三年级学生英语听力策略的使用情况，了解学生在听力训练中元认知策略的使用水平，探讨听力训练频率是否对元认知策略的使用造成影响，以求达到发展学生元认知听力策略使用能力提高学生英语听力理解能力的目的。笔者通过调查问卷，回答以下问题：第一，高三学生元认知策略在听力学习中的应用处于什么水平？第二，课外进行听力练习的频率是否与元认知策略使用水平相关？

（二）参与者

受调查者为贵州省某高中三年级的学生，总计100人。有效的受调查者为80人。

（三）调查工具

调查工具为调查问卷。本次调查的听力策略调查问卷参考文秋芳的元认知策略问卷[9]，根据杨坚定的计划、监控和评估等三大元认知听力策略的12项分策略及本地高中生英语听力学习的实际情况改编而成。[8]问卷采用匿名方式进行收集：第一部分为个人情况调查，第二部分为元认知听力策略调查，此调查分为计划策略、监控策略和评估策略三个维度，共28个小题。问卷共发放100份，其中有效问卷为80份。听力策略调查问卷的信度为0.94。除问卷调查外，还对10名高三学生开展了半结构式访谈。

（四）数据收集与分析

所有受试者都在规定的时间内按照自身的真实情况完成了问卷填写。问卷共发放100份，收回83份，有效问卷80份，有效率达标。本文将听力策略使用频率按照Oxford提出的元认知策略使用频率分级标准分为高、中、低三个等级：平均值在1.00~2.49之间表示策略使用水平为低水平，平均值在2.50~3.49之间表示策略使用水平为中等水平，平均值在3.50~5.00之间表示策略使用水平为高水平。采用SPSS 16.0对所有数据进行分析，分析分为两步：第一步对所有数据进行描述性统计分析，将元认知策略使用的平均数计算出来（见表1）；第二步使用皮尔逊相关分析，分析课外进行听力练习的频率是否与元认知策略使用水平相关（见表2）。

四、结果与讨论

（一）元认知策略使用情况的描述性分析结果

由表2可见，高三学生元认知策略使用的平均值为2.49，表明高三学生元认知策略使用频率处于中等水平。其中，计划策略使用的平均值为2.45，处于中等水平；监控策略使用的平均值为2.65，处于中等水平；评估策略使用的平均值为2.34，处于低水平。

表 1　描述性分析结果

策略类型	人数	平均值	标准差
元认知策略	80	2.49	0.78
计划策略	80	2.45	0.82
监控策略	80	2.65	0.89
评估策略	80	2.34	0.89

1. 动力缺失

经过访谈，学生表示缺乏动力。第一，我国中学教育是以应试教育为主，在这样的教育模式下，学生以成绩目标为学习导向的心态占据了主导地位。由于高考中听力考试的分值只占 30 分，即使进行专项训练的话进步空间也不大，因此学生学习动机降低导致学生习得元认知听力学习策略的概率降低。第二，由于即将面临高考，不少学生处于一种焦虑状态，在听力训练之前即使脑海中有具体的做题计划，但在听力训练过程中却产生了单纯的情绪紧张，听力训练结束后学生预计自己成功的机会不大，也就降低了学习动力。

2. 他控依赖心理强

在我国学习环境中，学习内容、任务、时间等几乎都由教师安排，学生几乎没有自主学习探讨学习策略的时间，学生学会的策略就是教师教授的范畴。学生在学习过程中几乎是依赖教师，在教师的管理之下进行学习，教师教多少学生就学会多少，教师不教学生就不会主动学。因此，在听力教学过程中教师多是沿用传统听力教学的方法进行听力教学，极少教师会在有限的课堂时间教授元认知策略，导致学生对元认知策略的使用水平普遍不高。

（二）听力元认知策略与课外听力频率的相关分析

皮尔逊相关分析（见表 2）显示了课外进行听力练习的频率与元认知策略使用水平的关系。总体元认知策略使用水平及三个分策略与课外进行听力练习的频率显著相关，其中计划策略的相关程度最高、监控策略相关程度最低。

表 2　相关性分析

频率与策略	1	2	3	4	5
1. 课外听力频率	1	—	—	—	—
2. 元认知策略	0.46**	1	—	—	—

续表

频率与策略	1	2	3	4	5
3. 计划策略	0.57**	0.92**	1	—	
4. 评估策略	0.33**	0.87**	0.70**	1	—
5. 监控策略	0.29*	0.90**	0.69**	0.76**	1

注：* 代表相关性在 0.05 水平显著，** 代表相关性在 0.01 水平显著。

1. 频率改善计划策略

相关分析表明学生课外听力练习频率的波动会在一定程度上影响学生计划策略的使用。在对学生进行半结构式访谈的过程中发现，首先学生偶尔会在听力练习结束后对自己的整个练习过程进行评价，从而发现自己未完善的听力步骤；其次在听力练习过程中，学习者就会基于前一次的不足来调整和完善自己的听力计划；最后随着课外听力练习频率的增加，学生计划策略的使用在一定程度上会受到影响。为了取得更好的成绩，学生自主学习的过程中学生会不断调整自己的学习规划、完善自己的学习方案，元认知学习策略的使用最终得到发展。

2. 焦虑影响监控策略

白丽茹研究表明语言知识与语言能力是听力理解能力的重要构成因素，听力理解焦虑诱发的主要因素之一就是听者缺乏这两个听力理解能力的构成因素。[10]施渝和樊葳葳研究表明在听力过程中学生普遍存在由"听力过程畏惧""听力结果担忧""缺乏听力自信""缺乏听力技能"等四个因子构成的听力焦虑。[11]

由于听力理解过程中学生遇见听不出音的英语词句时或是听力语速过快时就会情绪紧张，导致大脑不能对听力材料进行逻辑的思考并及时地调整听力计划，严重时学生甚至会产生单纯的情绪紧张而在听力进行时完全停止思考。因此，学生在听力过程中很少使用监控策略。在课外听力练习过程中由于学生在听力上遇到的困难得不到及时地解决，随着听力练习频率的增加、学习困难的累积，造成学生心理负担过重从而产生焦虑，尤其是在学生遇见相似问题的时候焦虑就会更大，从而造成学生在听力过程中无法分出精力监控听力内容。

五、对策与建议

根据对贵州某高中三年级 80 名学生元认知听力策略在听力学习中的使用情况进行调查，结果表明高中生总体使用元认知策略处于中等频率，且听力练习的频率与元认知策略的使用显著相关，因此元认知策略的使用对英语听力能力的重要作用不言而喻。为有效提高高三学生元认知策略水平，笔者提出了以下建议。

（一）注意元认知策略的培养

黄远振在研究中论证，学习策略是可教会的，一旦学会，学习者便可以运用到新的学习环境中。[12]因此，教师应基于学习动机强化理论，学生听力训练的材料应由简到难地播放学习，学习过程中适当地进行归因训练（积极的指导学生成败归因），帮助学生了解自己的优缺点，使他们逐渐制订适合自己的听力学习计划，以此提高学生使用元认知听力策略的频率。由于元认知策略在听力中起着积极正面的影响，这可以改变他们的归因倾向，让他们将听力学习中的失败归因于缺乏努力，以此激发学生学习听力的动力，促进他们开展自主学习。

（二）控制听力材料的难易度

无论是在课堂或是在课外，教师让学生接触材料的难易度应该由易到难、循序渐进，这样才可以激发学生的学习动力。如果教师一开始播放的听力材料对于学生的水平而言难度系数过大，则会导致学生还没开始听力练习就预见了结果，从而使学生失去了学习信心和学习动机。

（三）缓解学生的听力焦虑

教师应该让学生多接触听力材料，不以泛听、做题这样的模式，而是采取精听并听写这样的模式。除此之外，教师应在词汇教学时播放录音让学生学习词汇的标准发音，学生很大程度做不好听力练习不是因为他们不认识这些英文单词而是因为他们听不懂。这样长期坚持的话可以缓解学生由于听不出音或听力语速过快而造成的焦虑情绪，从而使学生在听力学习过程中正常的运用听力策略。

（四）增加听力练习频率

由于听力练习的频率对元认知策略的使用有影响，为了提高学生有效的元认知策略使用频率，教师应该在平时布置听力任务，听力材料应由教师提供，学生的听力材料参差不齐、难易不一，这样的材料对于学生的听力不一定起到帮助作用。这样可以带动所有的学生练习听力，从而提高学生对元认知策略使用频率，从发展学生的元认知策略使用能力。

六、结语

本文研究结果显示，高中生总体使用元认知策略处于中等频率，其中评估策略处于低频率且听力练习的频率与元认知策略的使用显著相关。由于元认知策略在听力理解中发挥着重要的作用，教师应在平时课堂中有意识地传授元认知听力策略，结合学生的水平加大对学生听力训练的操练，并且和学生共同探讨解决他们听力训练中遇见的困难以求缓解学生的听力焦虑，从而达到发展学生元认知听力策略使用能力提高学生英语听力理解能力的目的。

参考文献：

[1] Duffy G G. Fighting off the Alligators：What Research in Real Classrooms has to say about Reading Instruction[J]. Journal of Reading Behavior，1982,14(4)：357－373.

[2] 史耀芳. 二十世纪国内外学习策略研究概述［J］. 心理科学，2001，24（5）：586－590.

[3] Wenden A. What do Second－Language Learners Know about their Language Learning? A Second Look at Retrospective Accounts[J]. Applied Linguistics，1986,7(2)：186－205.

[4] Thompson L，Rubin J. Can Strategy Instruction Improve Listening Comprehension?[J]. Foreign Language Annals，1996,29(3)：331－342.

[5] 张正厚，冯海云，付有龙，等. 听力策略在元认知意识和英语听力成绩间的中介效应分析［J］. 外语界，2013（5）：12－19+75.

[6] 刘沙沙. 元认知策略在英语听力教学中的应用——以英语专业四级听写为例［J］. 中国高新区，2018（1）：49－50.

[7] 苏远连. 论听力学习策略的可教性——一项基于中国外语初学者的实验研究［J］. 现代外语，2003，26（1）：48－58.

[8] 杨坚定. 听力教学中的元认知策略培训［J］. 外语教学，2003，24（4）：65－69.

[9] 文秋芳. 大学生英语学习策略变化的趋势及其特点［J］. 外语与外语教学，1996（4）：43－46+56.

[10] 白丽茹. 二语语法能力与听力理解能力潜在关系研究［J］. 外语教学与研究（外国语文双月刊），2015，47（6）：886－897+960－961.

[11] 施渝，樊葳葳. 大学生四级考试复合式听写状态下的听力焦虑研究［J］. 解放军外国语学院学报，2013，36（6）：55－60+125－126.

[12] 黄远振. 论英语课程理念向教师个体观念的转化［J］. 课程·教材·教法，2007，27（1）：78－83.

高中生英语阅读图式理论应用研究

牛丙平[①]　韦启卫[②]

[摘要] 本文从高考这个实际出发，为探寻图式理论在英语阅读理解中的运用情况而开展研究。本文的研究以黔南州都匀市第二中学和民族中学623名高二学生作为研究对象，以研究对象的性别、科类、生源、阅读英语的频率、对英语的喜爱程度及对自我英语水平的自评为基础研究高中生在做英语阅读时图式理论的使用情况。同时，运用了独立样本 t 检验和ANOVA对数据进行了分析。结果表明，性别和生源影响图式理论的运用，女生在阅读理解的运用上较男生频率高，县级和市级生源在阅读理解的运用上较乡镇生源频率高。

[关键词] 图式理论　英语阅读　检验

一、研究背景

（一）阅读理解重要性

随着全球化趋势的发展，英语作为世界通用的官方语言也越来越受到世界各国重视。听、说、读、写是学好英语必须要掌握的四项基本技能。然而通过分析近年来的高考英语试卷，可知高考试题共分为六个部分，分别如下：听力为30分、阅读理解为40分、完形填空为30分、语法填空为15分、改错为10分、作文为25分。其中阅读理解占高考总分的26.70%，是所有题型中分数

---

① 牛丙平，黔南民族师范学院外国语学院2017级学科教学（英语）教育硕士研究生，研究方向：外语教学。
② 韦启卫，黔南民族师范学院外国语学院教授，硕士研究生导师，研究方向：外语教学与语言对比。

最高的部分。一般情况下，阅读得分高的学生，卷面整体分数也会相对较高。由此看来，阅读理解是提高学生高考成绩的关键。

（二）图式理论定义与分类

然而阅读实际上是从"词汇—句子—段落—篇章"的过程，传统的阅读模式限制了学生的整体阅读技能尤其是对文章的整体感知。图式（Schema）概念源自1912年的格式塔心理学。它指学习者以特定主题组织的知识表征和贮存方式为基础的理论，即知识在大脑中的储存单位，包括各种知识，如语言学知识、历史知识等。图式的总和便是一个人的全部知识。图式理论（Schema Theory）是在图式概念的基础上发展起来的。图式是知识的基石，一切信息加工都要建立在图式的基础上。在笔者看来，图式理论即学习者积极主动地在背景知识与阅读材料之间架起一座桥梁，可以帮助学习者更好完成阅读理解。

关于图式一般有两种划分方法。一种是划分为内容图式（指理解文章所需的背景知识）和形式图式（指不同文体文章的形式和修辞结构的背景知识）。另外一种分为三种类型：语言图式、内容图式和形式图式。[1]语言图式是指学习者的语言掌握程度，内容图式指学习者对文章内容的熟悉程度。形式图式是对文章的体裁、修辞的了解程度。语言图式是内容图式和形式图式的基础，调用任何其他图式都是以语言图式为基础的。

（三）相关研究进展

国外有关图式理论的研究主要集中在其概念、内涵、分类及理论体系的完善与发展方面，后期开始关注该理论与语言学习的关系，特别是该理论在第二语言教学中的应用。与国外相比，图式理论在我国的研究起步相对较晚。自20世纪80年代以来在国外研究的推动下，我国也掀起了关于图式理论研究的热潮，提出了阅读理解实际上是文字信息与读者之间双向互动的沟通过程，从亓鲁霞、王初明的实验研究开始，经过国内学者三十多年的不断努力，图式理论被越来越多的人接受，并被应用到各个学科领域。其经历了由理论介绍到理论介绍与应用并存，再发展到理论应用三个发展阶段。[2]高云峰强调图式对于提高学生英语阅读理解能力的重要性，研究如何利用"词汇、图表、提问"的方式激活图式帮助学习者正确理解英语语篇。[3]崔雅萍阐释了图式理论在阅读理解过程中的作用，分析了影响读者理解阅读材料的因素，进一步揭示了图式理论帮助读者培养阅读理解的能力。[4]段媛薇认为图式理论能够帮助学生回忆文章的信息，提高学生对英语阅读文本的推断能力。[5]胡秀珍认为图式理论对于提高学生的归纳能力和抽象逻辑思维具有积极的作用。[6]这些无不说明图式理论在阅读理解中占据着很重要的地位,它在读者把握文章大意和提高阅读效率方面功不可没。宁夏师范学院贾丽的实证研究证明图式理论对高中英语阅读能力有着积极影响,学生在日常阅读中熟练运用该理论,使阅读效率和阅读技能有所提高。[7]相对于传统的阅读方法,他们能有效、快速地进行阅读,掌握文章大意、框架及写作意图,将图式理论应用于英语阅读教学,对于学生阅读能力的提高具有非常明显的效果。

总体来说,国内关于图式理论的研究范围经历了由理论深入实践、由单一转向多样的发展趋势,研究内容日益宽泛,研究方法日趋成熟,研究结果具有很强的科学性和普遍性。但也存在着一些不足,如介绍图式理论的文章很多,但并未形成创新性的理论体系;研究者多集中在图式理论与阅读理解的关系上,多数研究成果集中在说明图式理论的运用对阅读成绩的积极作用上,鲜有人关注影响图式理论的因素如性别和生源等,缺乏独创性。本文从实际出发旨在调查高中二年级学生阅读过程中图式理论的运用情况,探索学生性别及生源情况是否会影响学生阅读图式的运用,进而通过分析、讨论得出能够激发学生运用图式理论潜能的方法。

二、研究方法

(一)研究问题

根据使用习惯,此调查问卷分为三个维度,分别为语言图式、内容图式及结构图式。根据问卷收集的学生背景情况,笔者提出以下几个问题:第一,高中生英语阅读图式理论应用情况如何?第二,学生的性别是否会影响阅读过程中的图式理论使用情况?第三,高中生源不同是否会影响图式理论的使用?

(二)研究对象

研究对象为贵州省黔南州都匀二中和民族中学高二年级12个班级共623名学生,其中男生263人,女生360人。

(三)调查工具

研究使用了问卷调查表和访谈两种调查方式,其中问卷由本小组成员共同改编自杨曦的高中生英语阅读过程中图式意识调查表,并增加了几个题项,效度经过专家评估达标。[8]本问卷共包含 8 个背景题项，3 个维度，25 个项目，涵盖了阅读图式理论的 3 种类型。问卷采用李克特五级量表，分别表示从不（1 分）、很少（2 分）、有时（3 分）、经常（4 分）、总是（5 分），并要求学生根据自身实际情况作答。

（四）数据收集与分析

笔者和小组成员利用学生上课时间发放问卷，详细向学生说明了此次调查的重要性，请学生根据自身实际情况认真作答，并精心准备了小糖果作为答谢，所以此次问卷回收工作进行得比较顺利。此次调查共发放问卷 700 份，回收问卷 700 份，回收率 100.00%；有效问卷 623 份，有效率 89%。数据分析首先采用 SPSS 16.0 进行信度检测，信度达到 0.93；其次进行描述性统计、t 检验和相关性分析。之后笔者有针对性地找到部分受调查学生进行访谈，详细深入了解他们在做阅读理解时存在的困难和使用的方法。

三、结果与讨论

（一）高中生英语阅读图式理论使用概况

通过描述性统计得出图 1，显示了学生英语阅读图式理论的使用概况。根据 Oxford 的划分标准 1.00～2.49 为低频，2.50～3.49 为中频，3.50～5.00 为高频。结果显示学生阅读理解图式理论使用频率为中频，其中在结构图式使用上更加频繁，达到了 3.03。原因是语言图式描述语言掌握程度，内容图式描述对文章内容的熟悉程度，结构图式描述对体裁的了解程度。结构图式较其他两个维度而言，更容易掌握和运用。

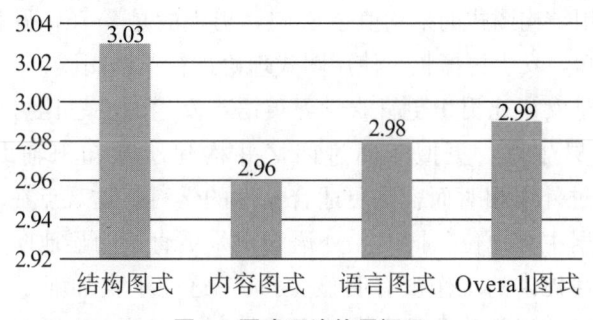

图 1 图式理论使用概况

(二) 男女性别图式理论应用差异

根据问题 2 笔者运用独立样本 t 检验运算得出以下结果（见表1）：

表 1　性别独立样本 t 检验

类别	男生（263 人）		女生（360 人）		显著性 p 值
	平均值	标准差	平均值	标准差	
整体	2.18	0.75	3.83	0.65	0.00

结果显示，男生和女生在阅读过程中运用图式理论的情况存在显著性差异，且通过对比男女生在阅读能力自评方面发现女生在阅读能力自评方面要比男生更自信，具体差异在哪些方面需要继续做深入的分析。通过独立样本 t 检验分别计算男生和女生分别在语言图式、内容图式、结构图式三个维度上的差异（见表2）。

表 2　男女生图式运用区别

类别	男生（263 人）		女生（360 人）		显著性 p 值
	平均值	标准差	平均值	标准差	
语言图式	2.74	0.80	3.16	0.75	0.00
内容图式	2.69	0.82	3.17	0.72	0.00
结构图式	2.76	0.86	3.24	0.78	0.00

从表2看出，女生在做阅读理解时的图式理论使用的频率要比男生的高。其中，女生使用语言图式的平均值是 3.16，男生的是 2.74，显著性 p 值小于 0.05；女生使用内容图式的平均值是 3.17，男生的是 2.69，显著性 p 值小于 0.05；女生使用结构图式的平均值是 3.24，男生的是 2.76，显著性 p 值小于 0.05。可以得知，女生更擅长于使用图式理论进行英语阅读。

原因可能是女生比男生更喜欢学习英语，女生的心思比男生的心思更细腻，记性也比男生好，更擅于通过回忆并构建所学知识辅助阅读。Rafik Loulidi 曾提到过外语相对而言是更适合女性的学科，这观点在当今社会依然毫无疑问地占据主导地位。同时，外语知识是更直接明显地向女性开放的工作，而与向男性提供的工作没有明显关系。[9]这一事实加强了外语是女性学科的观点。通过访谈部分受试者，笔者了解到大多数女生平时更喜欢做英语阅读题，做题的频率也比较高，掌握的阅读技巧也比男生多且词汇量要大于男生。"男生理科好、女生语言能力强"的观念,尤其是教师对男女生不同的措辞和态度会固化学生对"女生比男生语言能力强"的偏见,使男生受到消极暗示和影响,其语言学习的信心、兴趣和效果进而被削弱。[10]这些观念上的误导会使男生对语言学习持消极态度。从以上三方面的平均值可以看出,无论是男生还是女生都更倾向于使用结构图式,究其原因笔者推测主要是语言图式要求学习对阅读语言具备一定掌握程度,内容图式要求学习者对文章内容有一定熟悉程度,结构图式则要求学习者对文章的体裁有一定的了解。就结构图式而言,学生需要记忆的东西较少,也相对好掌握;另外两方面的图式则要求学习者在现有的知识水平和词汇量上对文章进行整体把握和细节分析,难度系数相对较高。

3. 生源与图式理论的关系

为研究生源的不同是否会影响图式理论的使用情况,笔者通过 ANOVA 计算得出以下结论(见表3)。

表3 生源的图式差异

乡镇（227人）		县级（118人）		市级（278人）		事后分析（Tukey）
平均值	标准差	平均值	标准差	平均值	标准差	县级＞乡镇* 市级＞乡镇*
2.85	0.74	3.19	0.63	3.03	0.74	

注:*表示相关性在0.05水平显著。

从表3可以看出,乡镇初中毕业的学生和县级初中毕业、市级初中毕业的学生在运用图式理论上存在显著差异。然而,县级初中毕业学生和市级初中毕业学生在做阅读理解时运用图式理论的情况却没有显著差异。结果显示,县级初中毕业学生和市级初中毕业学生在图式意识上几乎在同一水平线上,乡镇和县级、市级初中毕业学校则存在明显不同。

原因可能是学习条件的不一样导致学习方法和学习水平的不同。通过采访部分乡镇初中毕业生,笔者了解到乡镇中学由于教学条件有限,没有先进的教学网络和媒体;同时教学师资力量不够雄厚,很多教师都是不只教授一门课,英语课通常由其他专业的教师代上,非专业教师及其单调的教学方式导致学生的学习方式比较传统。父母对于学生学习英语的态度不够重视。由于城乡经济发展水平差异对英语教学环境带来的影响也对学生英语阅读的成绩产生了影响。国内有学者经过研究发现城乡经济发展差异逐渐形成和导致城乡生源学生的英语水平有差异。[11]尽管国家出台了各种政策和措施缩小经济文化发展过程中的城乡差异，但是城乡差异还是不可避免地影响了教育。家庭教育也存在城乡差异。城镇家长在文化水平和经济实力上的差别使其在英语学习上的态度、指导、教育投资等方面存在差异。[12]以上原因限制了学生在阅读过程中的思维方式。

从主观方面看，城乡生源自身非智力因素的差异，如英语基础薄弱、受方言影响、缺乏自信心的学生在英语学习的兴趣、意志和动机上往往较薄弱。[13]

四、结语

以上研究表明学生性别对学生做阅读理解图式理论运用是有影响的，同时学生初中毕业学校的不同也会影响学生图式的发挥。然而研究也表明学生的英语水平会影响学生使用图式理论。这一结果体现了图式理论明显降低学生学习语言的难度，提高了阅读的速度和正确率，这是专业英语教学中的一种有效手段和学习策略，某些传统观念会影响学生阅读过程中的图式构建、信息加工等环节，从而影响学生的英语水平。

另外，师资力量的不同也会在一定程度上影响学生的语言知识的不足，会妨碍英语阅读理解的提高。乡镇中学也应该配备有专业化的教学设备和师资力量，而且教育部门可以组织相关的培训，多对年轻教师进行培训，提高教师在培养学生的阅读策略和方法，尽量避免上课的盲目性，引导学生积极地主动思考，并在独立阅读时能自觉地运用所学阅读策略和方法解决阅读理解中的问题能力等。

最后，阅读活动的进行不能只限于课堂，图式意识的培养应该和英语阅读话题和内容广泛地结合起来。有时候尽管学生具备一定的语言知识，但由于缺乏相关的背景知识，有时文章仍然会读不懂。国外的很多实验表明对两篇语言难度系数相当的文章，学生更易理解和记忆相对熟悉内容的文章。[14]所以，教师也需要引导学生进行广泛的课外阅读，激发学生的学习热情。内容图式能够弥补语言知识的不足，帮助读者进行选择性的阅读。结构图式是影响阅读的另一重要因素，在阅读中如果能够调用正确的结构图式就能对文章语篇结构有一个正确的预期，从而促进读者对文章内容图式的理解。

参考文献：

[1] Carrell P L. Some Issues in Studying the Role of Schemata, or Background Knowledge, in

Second Language Comprehension[J]. Reading in a Foreign Language,1983,1(2):81—92.
[2] 亓鲁霞,王初明. 背景知识与语言难度在英语阅读理解中的作用[J]. 外语教学与研究,1988(2):24—30+79—80.
[3] 高云峰. 应用图式理论提高 SBE 阅读能力[J]. 外语界,2002(3):33—37.
[4] 崔雅萍. 图式理论在 L2 阅读理解中的运用[J]. 外语教学,2002,23(5):52—57.
[5] 段媛薇. 图式理论下的英语阅读教学[J]. 红河学院学报,2014,12(4):124—125.
[6] 胡秀珍. 基于图式理论的高中英语阅读教学的实验研究[D]. 广州:广州大学,2016.
[7] 贾丽. 图式理论应用于高中英语阅读教学中的实证研究[D]. 固原:宁夏师范学院,2017.
[8] 杨曦. 图式理论下的高中英语阅读教学研究——"篇章主题为中心,结构为框架"的阅读模式[D]. 武汉:华中师范大学,2015.
[9] Loulidi R. Is Language Learning Really a Female Business?[J]. The Language Learning Journal,1990,1(1):40—43.
[10] 赵建芬,尹丽娟,李蓓. 性别图式理论下学生语言表达能力的性别差异[J]. 教学与管理,2014(10):85—88.
[11] 张柏林. 城乡高中生源英语学习成绩差异及对策的研究[D]. 苏州:苏州大学,2008.
[12] 黄艾丽,杜学元. 关于我国城乡家庭教育差异的比较分析[J]. 宜宾学院学报,2007,1(1):107—110.
[13] 文秋芳,王海啸. 学习者因素与大学英语四六级考试成绩的关系[J]. 外语教学与研究,1996(4):33—39+80.
[14] Carrell P L. Schema Theory and ESL Reading:Classroom Implications and Applications[J]. The Modern Language Journal,1984,68(4):332—343.

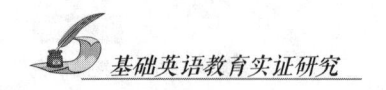

高中生英语课外自主阅读调查研究

黄 文[①] 杨昌霞[②]

[摘要] 本文通过调查黔南州两所州级中学高中生英语课外自主阅读的情况，发现高中生课外自主阅读现状不乐观。英语成绩与课外阅读存在相关性，课外阅读的动机与材料，策略与阅读材料维度间的相关性较强。

[关键词] 高中生　课外阅读　回归分析

一、引言

阅读是外语学习最直接的一种输入方式，是学习者获取知识、发展智力、理解新事物及培养情感态度价值观的重要渠道之一，外语学习离不开大量的阅读。[1]《普通高中英语课程标准（2017年版）》明确提出高中生每周的课外阅读量不少于1500词，总量不少于4.5万词。[2]要完成如此庞大的学习任务，课外阅读的重要性不容忽视。基于上述认识，本文的研究通过对黔南州280名高中生进行问卷调查，了解现阶段课外自主阅读现状和存在的问题，有针对性地提出了阅读建议。

二、研究背景

（一）理论基础

课外阅读是指除教材以外的学生自我计划、监控、提高的一种学习过程。

---

① 黄文，黔南民族师范学院外国语学院2017级学科教学（英语）教育硕士研究生，研究方向：外语教学。
② 杨昌霞，黔南民族师范学院外国语学院副教授，硕士研究生导师，研究方向：英语教学理论与实践。

学习者通过大量地接触略高于自身现有水平的可理解性语言输入,可在自然环境下习得语言。学习者才是学习的主体,语言形式的大量输入还需要被自身吸收,需要对所输入的语言材料进行内化,将社会环境中的知识转化到心理结构中的过程,外在的语言经过内化完成自我中心言语的转化,最后再转化为个体的内部语言。[3]

简而言之,语言的学习是一个将语言材料内化的整合过程。

(二) 研究综述

20世纪70年代,国外学者强调学习者在学习过程中的决定性作用。在国内也有不少学者对外语学习者课外自主阅读情况进行了调查和研究。曾利红通过实证研究对比分析大学生培训前后的课外阅读情况,结果显示了培训后学生课外阅读发展态势较好,同时强化了阅读动机。[4]邹育艳、靳玉乐对大学生课外阅读的现状进行了研究。[5]兰彩霞、魏启娜对高中生进行问卷调查,探讨了高中生课外阅读中自主学习的情况与课外阅读过程中存在的问题,[6][7]可发现研究对象大多为大学生群体,以高中生为研究对象主要集中于大城市的重点中学,对于中小型城市的适用性不强。黔南州是少数民族人群聚集的地区,有自身的特点,所以其研究成果的可借鉴性不强。基于上述认识,本文通过对黔南州两所重点高中280名高中生英语课外阅读情况进行了调查和统计分析,探讨了中考英语分数与课外阅读及与课外阅读各维度间的相关性,针对学生在课外阅读中存在的问题提出了可行性意见和建议。

三、研究设计

(一) 研究问题

第一,学生英语课外阅读的整体情况如何?第二,中考英语分数与课外阅读是否存在相关性?第三,课外阅读各个维度间是否具有相关性?

(二) 研究样本

本文的研究对象为贵州省黔南州都匀市两所州级中学,学生总体程度相差不大,两所学校均发放问卷140份,同时要求受试者在10分钟时间内完成问卷,填写基本信息,包括他们的性别、年级、学校与中考英语总分。

（三）研究工具

为了比较准确地测量受试者课外阅读的整体情况，笔者参照了张金英问卷，涉及阅读动机、阅读目标与计划、阅读材料、阅读策略、自我监控与评估五个维度，测量题目共 31 个，目的在于对高中生课外自主阅读进行较为全面的了解。[8]问卷采用了李克特五级量表（A＝完全不符合我的实际情况，B＝大部分不符合我的实际情况，C＝有点符合我的实际情况，D＝大部分符合我的实际情况，E＝完全符合我的实际情况），问卷调查于 2018 年 5 月在贵州省黔南州进行发放、回收，将相应数据输入计算机，应用 SPSS 16.0 进行相关统计分析。

（四）数据收集和分析

问卷调查于 2018 年 5 月在贵州省黔南州进行，由教师随堂向 280 名受试者发放，并要求受试者仔细阅读指导语，答案没有对错之分，然后根据自己的实际情况完成问卷调查，共发放 280 份问卷调查，收回了 268 份，有效问卷 257 份，有效率达标，随后统计每位学生的问卷结果，将相应数据输入电脑，运用 SPSS 16.0 进行统计分析。首先进行了正态分布检验，峰度和偏态分别为 -0.28 和 -0.23，绝对值均小于 1，数据符合统计要求；其次，进行问卷信度的检测，信度为 0.83，内部一致性系数达到了统计要求。

四、结果与讨论

（一）高中生课外阅读整体情况

高中生课外自主阅读情况也是对其自主学习能力的体现，本文的研究从以下五个维度加以观察。

从表 1 可以看出，高中生课外阅读在阅读动机方面平均值为 3.03，是五个维度中最高的，代表"有点符合我的实际情况"，在一定程度上说明学生的学习动机是明确的。而在阅读目标与计划、阅读材料、阅读策略、自我监控与评估的平均值在 2.00～3.00 之间，表示"大部分不符合我的实际情况"。阅读材料的差异导致在阅读时会采用不同的阅读策略，在阅读材料与阅读策略上学生总体上处于被动状态，所以两个维度相对处于持平的分数，标准差也相差不大。而在自我监控与评估方面均值最低，这是由阅读目标与计划不明确所致。

总体看来，课外阅读的情况并不乐观。此次调查结果与苏远连、马静雅等人的研究结果相同。[9]

表 1　学生课外阅读整体情况

维度	平均值	标准值
阅读动机	3.03	0.78
阅读目标与计划	2.70	1.05
阅读材料	3.00	0.80
阅读策略	2.90	0.86
自我监控与评估	2.32	0.89

（二）中考英语分数与课外阅读的相关性

为检验中考英语成绩与课外阅读情况是否存在线性关系，笔者对二者进行了线性检验。

通过检验相关性系数为 0.22，且显著性 p 值小于 0.01，说明二者存在线性关系。从表 2 可以看出，英语成绩与课外英语阅读情况之间存在相关性，但相关性不紧密（相关性系数为 0.22）。

表 2　学生课外阅读与学习成绩的相关性

类别	中考英语总分
相关性系数	0.22**
显著性 p 值	0.00

注：** 表示相关性在 0.01 水平显著。

本文的研究运用多元线性回归分析方法以检验阅读动机、阅读目标与计划、阅读材料、阅读策略、阅读监控与评估对英语成绩的预设作用（见表 3）。使用逐步进入法分析结果表明，阅读动机、阅读目标与计划、阅读监控与评估未能进入任何模型，对英语成绩没有预设作用。

表 3 显示了相关性系数分析中阅读动机、阅读材料与阅读策略之间存在显著的切实正相关关系。

表3 课外阅读各个维度间的相关性

类别	中考英语总分	阅读动机	阅读目标与计划	阅读材料	阅读策略	阅读监控与评价
中考英语总分	1	0.18**	0.05	0.26**	0.29**	0.02
阅读动机	0.18**	1	0.37**	0.48**	0.31**	0.08
阅读目标与计划	0.05	0.37**	1	0.35**	0.40**	0.38**
阅读材料	0.26**	0.48**	0.35**	1	0.44**	0.27**
阅读策略	0.29**	0.31**	0.40**	0.44**	1	0.36**
阅读监控与评价	0.02	0.08	0.38**	0.27**	0.36**	1

注：** 表示相关性在0.01水平显著。

根据表4，模型1中只有阅读策略，表明该变量为显著的预设变量，调整拟合系数为0.08。增加阅读材料后模型2也达到了显著水平，调整拟合系数为0.10，说明阅读策略和阅读材料均能显著的预测英语成绩。也就是说，受试者掌握学习策略越好，英语成绩就越好，标准回归系数为0.25；阅读材料越广泛，英语成绩也会越好，标准回归系数为0.20。

表4 学习成绩的预设变量

变量	英语成绩		
	模型1	模型2	
	标准回归系数	β 标准回归系数	95%CI
常数常量	1.89**	1.52**	(0.99, 2.05)
阅读策略	—	0.25**	(0.09, 0.41)
阅读材料	—	0.20	(0.03, 0.37)
调整拟合系数	0.08	0.10	—
方差检验	21.34	13.63	—

注：** 表示相关性在0.01水平显著。

五、结论与启示

（一）结论

本文的研究发现高中生课外自主阅读情况不乐观，但他们有一定的学习动机，认同课外阅读的重要性，并且能够将课外英语的学习与自身的发展联系起来，但是学生在元认知上的认识是相当薄弱的，对于课外阅读的安排要达到什么样的目标，运用怎样的阅读策略及阅读材料的选择上没有明确的方向。

同时还发现中考英语分数与课外阅读是存在线性相关关系的，但是相关性不强，这是由于英语的学习是多因素综合的结果。所以，笔者讨论了各个维度的相关性，发现相关性较强的是阅读动机、阅读材料与阅读策略。这表明学生的阅读动机与阅读材料是密切相关的，阅读动机促进学生进行阅读材料的选择，然后开始阅读，有趣的阅读材料激发了学生的阅读动机。在阅读材料与阅读策略方面，学生会根据不同的阅读材料类型，结合自身情况使用不同的阅读策略。

（二）启示

1. 重视学生元认知的认识和发展

英语的学习是一个持续输入的过程，阅读是输入的重要渠道，课外的自主阅读作为英语学习最基本的学习方式，对整个英语的学习过程起着重要的作用。课外阅读需要学生清楚地知道元认知的重要性，对自己的课外阅读做出计划，反思自己的学习，学会做学习的主人。同时，学校应加强和重视对学生策略的培养，让学生对自己学习过程的计划、监控和评价做出明确的安排，增强学生的自主学习能力。所以，学生要想在英语阅读乃至英语的整体水平有所提高，必须学会有效运用元认知策略，对课外阅读学习做出合理的、有效的计划，实现监控与自我反思。

2. 提供足够的阅读材料

有趣的阅读材料会引起学生的学习兴趣，会引发学生产生阅读的动机。从此次调查结果来看，阅读材料能显著的预设英语成绩，但是学生对于材料的选择总体上处于被动状态。一方面学校没有足够的阅读材料可供学生阅读；另一方面市场上琳琅满目的阅读材料，使学生不知道哪种阅读材料才适合自己现有的水平。这样的情况说明了学校对英语课外阅读的重视程度不高,学校应多渠道为学生的发展创造条件,多购置英文阅读材料,开展大量读书活动。同时,教师要发挥其指导与引导作用,指导学生选择适合自己的课外读物。例如,学生可根据自己的阅读兴趣选择相应的课外英文读物。课外阅读活动的开展离不开教师的引导,教师可以选择在一定的时间内组织学生开展课外阅读活动:一方面,带动学生进行大量的课外阅读;另一方面,学生也可以在教师的指导下自主开展课外阅读。

3. 重视阅读策略的指导

"量"的阅读输入是英语学习进步的基础,同时"质"的保障会让其有事半功倍的成效。没有方法策略使阅读理解提升是不显著的,学生也易失去信心,所以要重视教师对学生的阅读策略进行指导。除常规的预测、略读、跳读等策略外,教师还应该培养学生的反思能力,随时对自己的阅读计划的完成情况和效果进行总结。教师应对学生的课外阅读提出建议,观察学生,以确保学生能跟上阅读节奏,促进其语言习得。

参考文献:

[1] 王娟. 关于英语课外阅读的文献综述 [J]. 文学教育, 2016 (10): 150-151.

[2] 中华人民共和国教育部. 普通高中英语课程标准 (2017年版) [M]. 北京:人民教育出版社, 2018.

[3] 魏月红, 张莉. 社会文化理论在 ESL 学习中的应用研究 [M]. 北京:对外贸易经济大学出版社, 2015.

[4] 曾利红. 英语课外阅读培训效果实证研究 [J]. 中国成人教育, 2010 (8): 179-180.

[5] 邹育艳, 靳玉乐. 大学生课外阅读现状及对策研究 [J]. 西南师范大学学报(自然科学版), 2016, 41 (3): 215-221.

[6] 兰彩霞. 新课程背景下高中生英语课外阅读调查研究 [D]. 桂林:广西师范大学, 2015.

[7] 魏启娜. 高中生英语阅读能力现状调查与对策分析 [D]. 延安:延安大学, 2016.

黔南州高中生英语阅读思辨能力现状研究

徐燕萍[①]　陈　钧[②]

[摘要] 本文用问卷形式对黔南州 600 名高中生的英语阅读思辨能力开展调查。调查统计结果表明黔南州高中生英语思辨能力总体情况处于中等水平，思辨能力中最高的是评价能力，最低的是自我调节能力。

[关键词] 思辨性思维　高中生　阅读

自我调控的判断表现为解释、分析、评价、推断及判断赖以存在的论据、概念、方法、标准或语境的说明。在外语教学尤其是阅读教学中，提高学生的思辨性阅读能力十分重要。因此，大量的研究者对学生的英语思辨能力做出了深入的研究。然而对于黔南州高中生英语阅读思辨能力的研究相对较少。因此，本文主要对黔南州高中生的英语阅读思辨能力现状进行了调查。

一、研究方法

（一）调查对象

本文的研究主要调查了瓮安二中、都匀二中、龙里高中和平塘高中的 600 名高一和高三学生，参与者通过便利抽样选择的方式，其中都匀二中有 153 人，龙里高中有 162 人，瓮安二中有 157 人，平塘高中有 128 人。共发放问卷 600 份，回收问卷 600 份，有效问卷 600 份。

---

① 徐燕萍，黔南民族师范学院外国语学院 2015 级学科教学（英语）教育硕士研究生，研究方向：外语教学。
② 陈钧，黔南民族师范学院外国语学院教授，硕士研究生导师，研究方向：二语习得与外语教学。

（二）问卷设计

本文的研究使用英语阅读中的思辨性思维能力问卷调查学生的思辨性思维能力水平。问卷由两个主要部分组成：一是参与者的个人背景信息（所读学校、性别、民族、年级、英语学习态度、英语阅读水平）；二是思辨性思维能力分类，包括解释、分析、评价、推理、说明和自我调节。

问卷第一部分采用选择题的形式，第二部分是以陈述句的形式呈现的，问卷采用了李克特五级量表，1至5分别代表完全不符合我、不怎么符合我、有点符合我、比较符合我、完全符合我，要求学生选择与个人实际情况最相近的一项。

（三）数据收集与分析

调查以班级为单位，采用无记名的方式，要求学生在30分钟内完成，数据的收集于2016年12月完成。问卷收集后，通过SPSS 16.0对数据进行整理与分析。本文的研究采用描述性统计分析黔南州高中生阅读思辨能力的总体现状、分类情况及思辨能力六个维度的情况。

二、调查结果与分析

（一）调查结果

1. 整体情况

根据Oxford[1]的分类标准，学生的思辨能力可分为三个等级：1.00～2.49的平均值为"低"，2.50～3.49的平均值为"中"，3.50～5.00的平均值为"高"。

黔南州600名高中生总体思辨能力平均值为2.53，这表明学生的思辨能力处于中等水平（见表1）。

表1 黔南州高中生整体思辨能力现状

思辨能力	平均值	标准差	等级
	2.53	0.77	中

2. 分类情况

本文的研究把思辨能力分为了六个维度：评价、说明、推理、解释、分析和自我调节。表2显示了学生各项思辨能力的平均值、标准差。

表2 黔南州高中生各项思辨能力现状

思辨能力	平均值	标准差	等级
评价	2.69	0.97	中
说明	2.66	0.94	中
推理	2.58	0.83	中
解释	2.50	0.83	中
分析	2.40	0.87	低
自我调节	2.38	0.96	低

如表2所示，学生在评价、说明、推理、解释、分析和自我调节的思辨能力的水平。各维度的平均值排序依次为评价、说明、推理、解释、分析、自我调节。结果表明学生在评价、说明、推理和解释方面的思辨能力处于中等水平，而分析和自我调节能力处于较低水平。

3. 个体情况

这一部分描述了学生在六个维度上的思辨能力的详细信息，它给出了六项中每个项目的平均值、标准差和思辨能力等级。

（1）解释能力。

如表3所示，学生的解释能力包含五个项目，平均值、标准差及等级也包括在内，按平均值从最高到最低进行了重新排列。

表3 黔南州高中生解释能力现状

解释能力	平均值	标准差	等级
项目19：在日常的阅读训练中，我能总结阅读文章的主旨大意和主要观点。	2.76	1.17	中
项目9：我能根据阅读文章的内容了解作者的写作意图。	2.72	1.18	中
项目1：在日常的阅读训练中，我能识别阅读文章的类型。	2.61	1.17	中
项目8：在日常的阅读训练中，我会注意阅读文章的结构。	2.34	1.08	低
项目3：在日常的阅读训练中，我会注意阅读文章的修辞手法。	1.94	1.08	低

如表3所示，每个项目的平均值排序为项目19、项目9、项目1、项目8、

项目3。

(2) 分析能力。

如表4所示，学生的思辨分析能力有四个项目，表4列出了每个项目的平均值、标准差和等级。

表4　黔南州高中生分析能力现状

分析能力	平均值	标准差	等级
项目10：阅读时，我能根据文章内容辨别文章中的不同观点。	2.53	1.09	中
项目5：我会注意作者文中的隐含意义和态度。	2.51	1.13	中
项目11：我会找相关的论据来支撑文章中的观点。	2.38	1.19	低
项目6：我能将文中的观点与客观现实比较分析。	2.28	1.08	低

(3) 评价能力。

表5显示了学生的评价能力有三个项目，每个项目的平均值、标准差和等级列于下表。

表5　黔南州高中生评价能力现状

评价能力	平均值	标准差	等级
项目13：对于文章信息的真实性，我有自己的选择与判断。	3.09	1.20	中
项目7：我会用所掌握的知识来辨别文章观点的合理性。	2.60	1.19	中
项目15：我会把我的观点与文中作者的观点相比较。	2.38	1.23	低

(4) 推理能力。

表6显示了学生推理能力的有五个项目，表6列出了每个项目的平均值、标准差和等级。

表6　黔南州高中生推理能力现状

推理能力	平均值	标准差	等级
项目12：当我不能理解文章内容的时候，我会根据文章的各种线索来推断。	2.97	1.25	中
项目4：我能从文章的标题或副标题揣测出文章的主旨大意。	2.89	1.11	中
项目18：我能理解文章结论所暗含的意思。	2.40	1.12	低
项目16：在没有阅读完文章的时候，我能对余下的内容做出合理的推断。	2.40	1.15	低

续表

推理能力	平均值	标准差	等级
项目2：我能从阅读的文章中推断其中谚语的含义。	2.21	1.06	低

（5）说明能力。

表7显示了学生思辨解释能力有三个项目，表中列出了各项目的平均值、标准差和等级。

表7 黔南州高中生说明能力现状

说明能力	平均值	标准差	等级
项目21：对于文中的信息，我能有自己的看法和评判。	2.78	1.15	中
项目14：对于文章内容，我能表达自己的观点和看法。	2.69	1.22	中
项目17：我会在文中找合理的论据来支撑我自己的看法和观点。	2.52	1.14	中

（6）自我调节能力。

表8显示了学生自我调节能力有两个项目，同时表中也呈现了各个项目得平均值、标准差和等级。

表8 黔南州高中生自我调节能力现状

自我调节能力	平均值	标准差	等级
项目20：读完文章后，我能纠正我在阅读中做出的不合理的推断。	2.50	1.14	中
项目22：我会寻找相关材料来证实我对文章的观点和看法。	2.30	1.17	低

（二）结果分析

从以上数据可以得出，学生总体思辨能力处于中等水平，其中解释能力、说明能力、推理能力、评价能力处于中等水平，分析能力和自我调节能力处于较低水平。这与先前的一些研究结果相一致，这些研究表明高中生的总体思辨能力不高。[2][3]

三、结论

研究结果表明学生的英语阅读思辨能力水平较低。同时，他们的思辨性思维意识不强，缺乏有效的思辨性思维能力的引导。因此，本文的研究对学生也有重要的启示。学生了解自己的思辨性思维能力可以帮助他们改变思维方式：一方面，学生应认识其思辨能力在英语阅读中的重要性；另一方面，学生在学习过程中应有自己的独立见解，而不是受知识的控制。

参考文献：

［1］Oxford R L. Language Learning Strategies：What Every Teacher Should Know［M］. Boston：Heinle & Heinle Publishers，1990.
［2］欧美娥. 外语课堂中的批判性阅读教学实证研究［D］. 长沙：中南大学，2013.
［3］罗开眉. 非英语专业大学生批判性思维特质与英语学术阅读能力的相关性研究［D］. 武汉：华中师范大学，2015.

基于《中国英语能力等级量表》的民族地区初中生英语阅读现状调查及对策研究

赵 枫[①] 李 茹[②]

[摘要] 本文运用《中国英语能力等级量表》对民族地区 277 名初中学生的阅读水平进行测评，并对 3 名英语教师进行了半结构式访谈，通过定量分析和主题分析发现：第一，学生阅读能力整体达到《中国英语能力等级量表》的三级水平；第二，民族地区初中生存在的主要问题是基础知识不牢固、学习策略使用不当及阅读题材输入少；第三，影响阅读理解的主要因素是教师教学方法传统、学生阅读兴趣不足、评价机制单一化、学生自主学习的能力差、课外阅读量少；第四，阅读策略中，认知策略与阅读水平之间呈显著的正相关。笔者针对现状提出了相应的建议，以期对民族地区初中阅读教学带来一些帮助。

[关键词] 初中英语 阅读教学

阅读是一个能动的和积极的思维心理过程。在阅读过程中，学生通过语言文字符号获取阅读文章想要表达的信息。同时，阅读作为英语教学中的输入性学习，对语言的学习非常重要。克拉申的输入假说认为接触大量的有意义、有趣或是相关的第二语言材料是决定第二语言能力的关键因素。《义务教育英语课程标准（2011 年版）》要求学生具备综合的阅读能力，要培养学生的语感、语篇分析能力、判断能力、提高阅读效率、增加阅读量、着重提高学生能够根据阅读目的来运用策略获取信息、处理信息、分析和解决问题的能力。2017 年颁布的《中国英语能力等级量表》，承袭了《义务教育英语课程标准（2011 年版）》中的目标性，把阅读能力定义为语言使用者和学习者运用各种策略和

[①] 赵枫，黔南民族师范学院外国语学院 2018 级学科教学（英语）教育硕士研究生，研究方向：外语教学。

[②] 李茹，黔南民族师范学院外国语学院教授，硕士研究生导师，研究方向：社会语言学与外语教师教育。

知识、从各种书面材料中构建意义的能力,包含识别与提取、概括与分析、批判与评价等一系列从低到高的认知能力。[1]《中国英语能力等级量表》基于我国国情和学习者的真实需要对阅读能力进行了全面描述,以能……为描述语的结构,将其分为"基础""提高""熟练"三个阶段九个级别。其中初中阶段需达到《中国英语能力等级量表》的三级即可。《中国英语能力等级量表》的出台发挥了"车同轨,量同衡"的作用,为我国英语教学、学习、测评提供了统一标准。[2]

一、英语阅读相关研究

阅读是语言输入的重要途径,没有一定的阅读能力,口语能力的提高是无本之木、无源之水。相反,如果通过阅读在外语基础知识和基本技能方面打下基础,那么有了合适的语言环境听说能力的提高就是水到渠成的事情。董亚芬从读写结合的角度论述了阅读是语言输入和积累的主要来源,而写作在其他技能中具有承上启下的作用,有助于巩固经由读和听输入的语言材料。[3]语言学家 Tedick、Carson 和 Leki 指出阅读能够使学生了解写作中需要的各种知识,阅读是写作的基础。[4]坚持大量阅读是实现用英语思维的最有效的途径之一。[5]以上研究表明,英语阅读是英语学习者其他语言技能发展的基础,同时也是培养英语思维的重要手段之一。

阅读与写作的关系是一对输入与输出的关系。克拉申的"输入假设"强调语言接触对语言习得产生效力的真正原因在于学习者接触了大量的可理解性的语言输入。国内主要以文秋芳提出的"输出驱动假设"为导向,强调要以输出驱动输入的学习。[6]刘晓萍在此基础上提出,在以"输出驱动"的阅读课上,除训练学生的阅读能力外,最主要的是为学生搭建好输出的平台,最大限度地调动学生语言输出的积极性。[7]黄小宸认为阅读作为英语学习的一种输入途径,写作是语言输出的一种方式,以写作为目的阅读教学需要教师恰当的指导,将足够有效的写作材料作为参考才能有可理解性的输出。[8]由此可见,输出要以大量的输入为前提,输出是对所输入知识的一种反馈,教师应该将输入和输出相结合,从而改善和提高学生的阅读能力。

综上所述,阅读作为语言学习中语言输入的一个重要环节,其在语言学习中的作用是毋庸置疑的。"输入假说"和"输出假设"为阅读教学提供了理论基础,同时,根据英语学习者的不同情况,国内外的学者也探索了阅读与语言产出之间的联系。

二、研究设计

（一）研究问题

第一，民族地区初中生英语阅读现状如何？第二，影响民族地区英语阅读教学的主要因素有哪些？第三，学生阅读策略与阅读水平的相关性如何？第四，如何使用量表来支持阅读的教与学？

（二）研究对象

本文的研究对象是民族地区 277 名初一、初二、初三的学生（见表1）。其中初一 75 人，初二 100 人，初三为 102 人；男生为 149 人，女生为 128 人；汉族有 92 人，少数民族有 185 人。其中，有 79 人在小学三年级前就已经学习英语，196 人在小学三年级时学习英语，2 人在初一时才开始学习英语。

表 1　学生基本信息

性别	男	149 人
	女	128 人
民族	汉	92 人
	少数民族	185 人
英语学习起始阶段	小学三年级前	79 人
	小学三年级时	196 人
	初一时	2 人
年级	初一	75 人
	初二	100 人
	初三	102 人

（三）调查工具

研究采用问卷调查和访谈的方式来收集数据，问卷信度 0.92，问卷主要采用了李克特五级量表，其中问卷分为两个部分：第一部分是来源于《中国英语能力等级量表》中的关于学生的阅读理解能力自我评价量表，信度系数为 0.84；第二部分为阅读策略的研究，结合张丽的阅读策略的调查问卷和访谈学

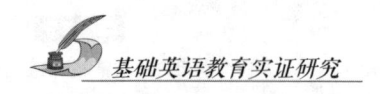

生的情况后适当进行改编,信度系数为 0.92。[9]访谈的目的是通过与教师的交流来获取影响阅读教学的教师因素。另外还在学生问卷中设置了三个开放性问题,目的是获取影响阅读教学的学生因素。

(四)数据收集与分析

本次调查共发放问卷 300 份,有效问卷为 277 份,有效率达标。数据分析采用描述性统计分析得出各项的平均值、百分比及该问卷的信度。对学生的阅读水平和阅读策略之间的关系研究,笔者采用了相关性分析和回归性分析,运用主题分析方法对访谈内容进行了归纳性分析。

三、研究发现及讨论

(一)我国初中英语阅读教学的现状

通过运用《中国英语能力等级量表》中关于对应《义务教育英语课程标准(2011 年版)》阅读要求的十个题项,让学生选择符合自己情况的选项,实施阅读自测。同时,以此获得对学生英语阅读水平情况的大致把握。从表 2 可以看出黔南州的初中生英语阅读水平整体达到了《中国英语能力等级量表》要求的三级。

表 2　英语阅读水平情况

阅读水平	完全不符合	有些不符合	有些符合	比较符合	完全符合	标准差	平均值
题项 1	0.70%	10.80%	20.60%	38.30%	29.60%	0.99	3.85
题项 2	9.40%	18.40%	35.40%	23.80%	13.00%	1.14	3.13
题项 3	0.70%	5.40%	32.50%	36.50%	24.90%	0.90	3.79
题项 4	2.50%	10.80%	31.00%	35.70%	20.00%	1.01	3.60
题项 5	2.50%	13.00%	34.00%	34.00%	16.60%	0.10	3.49
题项 6	1.80%	6.90%	32.90%	35.70%	22.70%	0.95	3.71
题项 7	3.20%	10.50%	28.20%	35.40%	22.70%	3.08	3.89
题项 8	3.20%	16.60%	34.70%	31.40%	14.10%	1.02	3.36
题项 9	4.00%	14.80%	41.20%	24.20%	15.80%	1.04	3.33
题项 10	2.20%	6.90%	28.90%	29.60%	32.40%	1.03	3.83

题项 1 和题项 2 属于阅读自评量表的一级。从表 2 中可以看出，题项 1 有多数学生可以阅读语言简单的绘本和小故事，识读其中的常见词并理解其中的主要内容。题项 2 的平均值最低，为 3.13，大多数学生在感受童谣中的押韵时存在困难。阅读中的押韵知识在小学阶段没有得到教师的重视，教师对学生语感方面的培养较为欠缺。

题项 3~6 属于阅读能力自评量表的二级，其中题项 5 的平均值最低，为 3.49，可以看出学生的阅读概括能力有待提高。题项 3 的平均数是 3.79，选择"比较符合和完全符合"的学生达 61.40%，由此可以看出学生对有关日常生活的短文掌握的较为熟练，在平时的阅读训练中学生也较多地接触过此类阅读题材。这也符合我国初中英语新课标对阅读的要求，教学内容既要贴近学生的日常生活，又符合学生的认知水平和生活经验，使学生能够更好地理解和掌握目标语言项目的真实意义和用法。

题项 7~10 属于阅读自评量表的三级，其中题项 9 和题项 8 的平均值较低，为 3.33 和 3.36；选择"有些符合"的人数占五个选项中的比例最高，分别是 41.20% 和 34.70%。这说明了学生未能达到"我能理解简短书信中作者的观点"和"我能从散文中提取人物、景物，及其他细节信息"的能力要求，学生对掌握散文和书信这样的阅读题材且对观点的概括、归纳及提取细节信息等策略的使用存在一定的困难。题项 7 的平均值在所有平均值中最高，为 3.89，说明学生善于从关键词或主题句入手，并能结合自己的相关背景知识理解阅读文章的内容。

从以上分析可以看出，民族地区的学生已达到了英语阅读学习能力等级量表的三级水平，学生可以较好地理解简单的单词和简短的故事，但仍然在语感的培养、阅读题材的训练和阅读策略的使用方面存在不足。

（二）影响民族地区初中生阅读教学的主要因素

根据学生完善问题和回应访谈的结果，采用主题分析的方法从学生和教师两个视角分析影响学生阅读的因素。

1. 学生视角

根据开放性问题中的数据得出，学生在阅读中的主要问题是基础知识较差、词汇量少和语法基础差、学生的自主学习能力差、学习策略和阅读策略意识较为薄弱、课外阅读时间少、阅读渠道单一等。

学生基础知识较差的原因来源于以下四个方面。第一，单词量的匮乏。多数学生认为造成阅读成绩差和阅读速度慢是因为生词太多，导致对阅读失去兴趣和信心。第二，语法知识差。学生认为在遇到长句和复杂的句子时，不会分析句子的结构是阻碍阅读的主要因素。第三，学生自主阅读能力差。学生对教师有很强的依赖性，遇到阅读障碍时依靠寻求教师的帮助来解决问题。第四，学习策略和阅读策略意识薄弱。学生对阅读策略的使用模棱两可，不知道该在什么情况下使用相应的策略。第五，课外阅读时间少，多数学生认为他们在课后不会主动阅读其他有关英语的读物，获取信息也只是通过网络或书籍这两种渠道。

2. 教师视角

通过对三名教师的采访收集数据得出，影响阅读教学的主要因素为教师教学方法传统，忽视学生兴趣的培养，评价机制单一化。以下为三名教师对阅读教学的反馈。

教师一：G教师是一位有十年教龄的英语教师，具有丰富的教学经验。

根据对G教师的采访得知，在教学过程中，她采用先带学生理解课后习题中的问题，再到课文中寻找答案的方式讲解阅读，在对语言知识进行讲解时很少链接背景知识，"虽说《义务教育英语课程标准（2011年版）》中有强调文化知识目标，但是由于考试的导向、课堂时间的限制，教师对这一部分并没有重视。"除此之外，G教师在阅读课中会采取多种形式的阅读活动让学生积极地参与，也会在讲完每一单元后为学生进行测试。

教师二：Y教师是一位有六年教学经验的年轻教师。

Y教师在讲阅读时习惯在课前把自己总结好的重点、难点知识发给学生，让学生以小组的形式开展合作学习，请学生把不理解的地方找出来，教师根据学生的反馈着重讲解语言的知识点，最后让学生总结教师所讲知识。对于语法和单词的教学，她主要采用归纳法的方式强化学生的记忆。Y教师主要用考试的形式评价学生的阅读能力。

教师三：Z教师是一位有两年教龄的新手教师。

Z教师在讲解阅读时会从三个方面入手。第一，让学生自主阅读找到文章的中心思想。第二，帮助学生对文章结构进行梳理，概括每段的中心含义。第三，详细阅读，并完成课后习题。学生课上的互动较少，主要以教师的讲解为主。Z教师很少对学生进行除期中期末外的其他考试和测评。

根据对教师分析发现：第一，教师教学方法传统。三位教师在讲阅读文章时都重视语言知识的讲解而忽略了引导学生掌握阅读技巧，没有重视对文化知识的讲解，也没有重视对篇章整体意义的讲解。第二，忽视学生阅读兴趣的培养。教师在教学中占据主导地位，缺少课堂的互动，导致课堂氛围枯燥，学生缺乏学习兴趣；第三，评价机制单一。孤立的、片面的评价方式是导致学生失去阅读信心的关键因素。

（三）学生英语阅读策略与阅读水平相关分析

为了解黔南州初中生阅读水平与阅读策略的相关性，笔者使用 SPSS 16.0 对阅读策略和阅读水平进行了相关性分析，结果显示阅读策略中的元认知策略、认知策略、社会/情感策略与阅读水平之间具有显著的正相关，从高到低依次为认知策略、元认知策略、社会/情感策略（见表 3）。

表 3　阅读策略与阅读水平之间的相关性

策略类别	相关性系数	显著性 p 值
元认知策略	0.58**	0.00
认知策略	0.69**	0.00
社会/情感策略	0.54**	0.00

注：** 代表相关性在 0.01 水平显著。

为进一步探索阅读水平与阅读策略间的关系，笔者对阅读水平与阅读策略进行了回归分析（见表 4）。

表 4　阅读策略与阅读水平的回归分析

阅读水平	复相关系数	拟合系数	调整拟合系数	估计标准差	回归系数	标准回归系数	t 值	显著性 p 值
认知策略	0.70	0.48	0.48	0.55	0.66	0.63	16.08	0.00

笔者采用逐步进入法（Stepwise）发现，只有认知策略进入了回归方程，结果显示调整拟合系数为 0.48，标准回归系数为 0.63，基于以上分析表明认知策略对阅读水平的影响最大。学生认为认知策略是阅读学习中最为重要的策略。通过教师的访谈和学生对开放性问题的回答可以看出，教师在教学过程中注重对认知策略的讲解，而学生在阅读学习中存在的主要问题仍停留在基础知识方面。元认知策略和情感态度策略没有进入回归方程并不代表它们不重要，主要原因可能是教师受应试教育的影响，注重对语言知识点的讲解而忽略了对学生如何思维、记忆、学习等能力的培养和情感的关注。

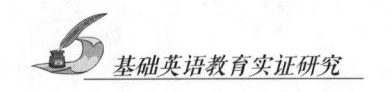

四、初中阅读教学对策与建议

（一）提高对阅读教学的认识，优化阅读教学模式

听说是"显性能力"，而阅读是"隐性能力"，阅读能力容易遭到忽视，是外语学习的隐患。[5]随着经济全球化和社会的迅速发展，我国以培养听说能力的英语人才为主，英语教学的导向也从原来的重视阅读能力变为重视听说能力上。很多教师在阅读教学上只是为了考试而教阅读，没有重视对学生语感、阅读量、阅读技能和认知能力方面的训练，所以，教师应以提高学生的阅读能力和阅读素养为目标，重新审视阅读教学，改变传统的教学模式。初中英语教学应该重视培养学生对语篇认知的能力，在整体阅读的过程中加强单词、语法及文化知识的学习，从而更好地发展学生语言能力。

（二）科学运用学习策略提高阅读效果

阅读策略是提高学生阅读效率的主要因素之一。因此，教师在讲授阅读课时，采用显性与隐性结合的方式向学生渗透阅读策略并为学生创设可以使用多种阅读策略的阅读任务，进行使用策略的训练。学习策略的传授不应该是单一的，教师除了向学生传授认知策略，也要有意识地传授元认知策略及社会/情感策略。元认知策略是学生对其阅读过程进行的反思，它包括学生对阅读任务、影响阅读的因素、何时采用哪种阅读策略及学生自身的态度等几个方面的认识，提高学生的元认知意识可以促进阅读策略训练的效果。

（三）运用测量结果，开发教学资源，顺应学生发展

《义务教育英语课程标准（2011年版）》中明确规定英语课程资源包括英语教材以及有利于发展学生综合语言运用能力的其他教学材料。教师应充分发挥主观能动性对教材进行整合和开发，在开展阅读课时，可以利用多媒体或图书馆的学校资源帮助学生形成自主的、个性化的阅读学习。另外，由于书本上的阅读材料具有滞后性，教师还可以给学生提供网络资源供学生及时地获取学习信息，拓展学生的阅读渠道，使阅读学习更加多样化和趣味化。教师还可以组织学生进行阅读交流活动，鼓励学生合作、分享课外阅读所学的知识，激发学生阅读兴趣。

（四）形成科学的阅读过程性评价机制

逐步建立形成性评价和终结性评价相结合的测评体系是国家外语能力测评体系建设的内容之一。[10]民族地区英语教学的评价方式主要以终结性评价为主，忽略了其他要素无法对学生的整体阅读情况做出公正的评判，也无法为改进教学提供依据。因此，教师需要注意阅读评价对于教学的反拨作用，不应只为了评价而改变教学，要明白评价的目的是检测教学的效果，进行调整、设计和优化阅读教学。《中国英语能力等级量表》强调形成性评价的目的是重点从"唯分数"转移到注重学生的认知发展和学习过程中去。科学的评价体系有利于教师对教学的反馈及调整，并且有利于学生的情感和认知发展。因此，将两种评价方式相结合才会促进阅读教学的良性发展。

五、结语

阅读是语言输入的首要路径，只有基于大量的阅读输入才会有说和写的有效输出。阅读能力是英语四大基本技能中最为重要的一项。但民族地区的阅读教学仍存在局限性，主要来源于国家对英语教学的导向、教师自身的素养以及教师对《义务教育英语课程标准（2011年版）》的理解三方面。针对于此，国家需重视教师队伍的建设，有效提高教师的教学技能和素养。教师在教学实践中应重新审视《义务教育英语课程标准（2011年版）》对学生阅读的要求，能将培养学生综合语言运用能力的目标真正落实到教学中去。

参考文献：

[1] Zeng Y Q, Fan T T. Developing Reading Proficiency Scales for EFL Learners in China [J]. Language Testing in Asia, 2017, 7(8): 1−15.
[2] 刘建达. 中国英语能力等级量表与英语测评 [J]. 中国考试, 2018 (11): 1−6.
[3] 董亚芬. 我国英语教学应始终以读写为本 [J]. 外语界, 2003 (1): 2−6.
[4] Tedick D J, Carson J G, Leki I. Reading in the Composition Classroom: Second Language Perspectives [J]. The Modern Language Journal, 1997, 78(2): 239−240.
[5] 宋德生. 其余皆次要，阅读最为先——大学英语五种技能主次关系之我见 [J]. 外语教学, 2006, 27 (3): 51−55.
[6] 文秋芳. 构建"产出导向法"理论体系 [J]. 外语教学与研究（外国语文双月刊）, 2015, 47 (4): 547−558+640.

［7］刘晓萍. 基于"输出驱动假设"的英语专业阅读课探究［J］. 现代教育，2018（18）：45.

［8］黄小宸. 读写结合在中学英语写作教学中的应用［J］. 佳木斯职业学院学报，2018（2）：392.

［9］张丽. 高中生英语阅读焦虑与阅读策略的相关性研究［D］. 延安：延安大学，2018.

［10］刘建达，黄丽燕，扈华唯，等.《中国英语能力等级量表》对英语教学、学习、测评的启示［J］. 英语学习，2018（7）：25－33.

高中男女生在英语阅读理解中使用元认知策略差异性研究

刘玲玲[①]　韦启卫[②]

[摘要] 本文以贵州省黔南州4所高中的622名高一的学生为研究对象了解元认知策略使用情况在高中男女学生英语阅读理解的差异性。本文首先分析了学生使用元认知策略的整体情况，之后以男女性别为变量，通过问卷收集数据，数据分析采用SPSS 16.0进行描述统计和独立样本t检验。并对数据结果进行分析讨论，进而提出一些意见，从而为高中英阅读学习提供一些参考价值。

[关键词] 男女生　阅读理解　差异性

一、引言

众所周知，阅读是听、说、读、写四大基本技能之一，并且阅读在其中占很重要的地位，尤其是在高中英语教学中。阅读不仅是获取知识和信息的重要来源之一，也是英语学习的主要途径之一，因此阅读是中学阶段英语教学的重心及核心。有效的学习策略有利于提高学生学习效率和发展自主学习能力。英语课程标准明确指出英语教师应培养学生的阅读理解能力。因此，如何有效地提高英语学习者的阅读能力成为英语研究者和英语教学实践者所关注的课题。

许多研究结果表明，教师在英语阅读教学中很少关注学生的元认知策略的

[①] 刘玲玲，黔南民族师范学院外国语学院2015级学科教学（英语）教育硕士研究生，研究方向：外语教学。

[②] 韦启卫，黔南民族师范学院外国语学院教授，硕士研究生导师，研究方向：外语教学与语言对比。

培养，更多的是注重语言知识的培养，而忽略了技能的培养。本文的研究旨在研究男女性别的学生在英语阅读理解中使用元认知策略时是否有差异，进而为英语阅读理解教学提供一些参考。

二、研究设计

（一）研究对象

研究对象为贵州省黔南州 4 所高中的 622 名高一的学生。

（二）研究工具

本文的研究主要使用问卷作为研究工具。问卷是针对元认知阅读策略调查的问卷，主要采用周加洋的问卷。[1]本问卷的设计主要借鉴了 O'malley 和 Chamot 的元认知策略分类框架，借鉴了 Oxford 的分类框架和文秋芳教授的英语学习策略问卷，设计了高中生元认知英语阅读策略调查问卷。问卷采用了李克特五级量表（"完全不符合""不符合""有一点符合""符合""完全符合"）要求学生，根据自己的实际情况进行判断和选择。

（三）数据收集与分析

问卷调查表选在各校晚自习或上课时间，发出问卷 900 份，收回 850 份，有效问卷 622 份。本文的研究进行了前测及信度分析，前测以 98 名高一学生为研究对象，问卷信度系数为 0.89。

数据采用 SPSS 16.0 进行描述统计和独立样本 t 检验。

三、结果与讨论

高中生英语元认知策略在英语阅读中的使用水平用李克特五级量表，问卷共有 24 个小题。[2]元认知策略问卷包含两个部分。第一部分是参与者的背景信息，包括受访者的性别，学校的名字，学生的国籍，课后英语阅读水平，对英语的态度。第二部分包括英语阅读中元认知策略的内容。它由四个部分组成，共 24 个问题：规划策略（1~6）、管理策略（7~12）、监控策略（13~19）和评估策略（20~24）。采用了李克特五级量表对问卷中的水平进行评价。这个量表的价值是 1 = "完全不符合"、2 = "不符合"、3 = "有一点符合"、4 =

"符合"、5="完全符合"。

（一）元认知策略在高中生英语阅读理解中的整体使用情况

表 1 显示了高中学生在英语阅读中的元认知策略使用的总体水平。结果表明 622 名高中生在英语阅读理解中的元认知策略的平均值为 2.62，说明学生在英语阅读理解中的元认知策略运用处于中等水平。

表 1　学生总体情况下元认知策略的使用情况的描述性统计

元认知策略的使用情况	平均值	标准差	水平
总体水平	2.62	0.69	中等

结果表明参与本文研究的学生在阅读英语文本时，总体使用元认知策略的频率不高，学生在英语阅读中使用元认知策略的频率也不高。他们对元认知策略没有很深的认识。他们在阅读英语文本时并不擅长使用元认知策略。解释这种现象的一种原因可能是缺乏元认知策略的使用训练。另一种原因可能是高中教师缺乏对阅读教学的培训，仍然以传统的阅读教学模式为主，强调孤立知识的重要性，如词汇、语法、句型等简单的阅读策略，但忽略了元认知策略训练的重要性。虽然有研究者对元认知策略培训进行了研究，并告知了高中教师元认知策略的重要性，但是高中教师很少将研究结果付诸实践。这可能是由于教师自身在英语阅读中对元认知策略缺乏足够的了解，也没有信心在英语阅读理解中训练学生运用元认知策略。因此，学生很少或根本没有接受过使用元认知策略的培训。因此，学生还没有意识到元认知策略的重要作用，在阅读英语文本时，他们的元认知策略使用频率仍然很低。

（二）男女生元认知策略使用情况的差异性

为了检验男生和女生在英语阅读理解中元认知策略使用是否存在显著性差异，我们运用了独立样本 t 检验来分析数据。如表 2 所示，男生和女生在英语阅读理解中使用元认知策略时存在显著性差异。这说明在英语阅读理解中，男生和女生的整体元认知策略运用存在显著差异。换句话说，女生的平均值为 2.73 显著高于男生的平均值为 2.49。因此，从表 2 可以得出结论，男生和女生元认知策略使用情况之间存在显著性差异。

表 2　男女生元认知策略的使用情况差异性独立样本 t 检验

变量		总数	平均值	标准差	t 值	显著性 p 值	差异模型
性别	男	281	2.49	0.69	−4.45	0.00	女＞男
	女	341	2.73	0.68			

本文的研究结果显示男生与女生在整体策略使用上有显著性差异。在类别层面，学生元认知策略使用在规划策略、管理策略和监控策略类别上存在显著差异，但在策略类别评价上无显著差异。这与周艺娟的研究结果相似，该研究发现在总体水平和类别水平上，女生与男生在元认知策略的使用上存在显著差异。[3]

结果还表明女生在阅读英语文本时使用元认知策略的频率显著高于男生。本文的研究结果与之前一些关于高中生使用元认知策略的研究结果一致，女生使用元认知策略的频率明显高于男生使用元认知策略的频率，周艺娟对 235 名高二学生进行了研究，结果表明，男生与女生之间存在显著差异，女生元认知策略使用频率高于男生。[3] Green 和 Oxford 的研究结果表明在英语阅读中女生比男生更频繁地使用元认知策略。[4] 本文的研究与以往的一些研究结果表明，学生使用元认知策略与学生的性别有一定的关系。也就是说，性别可能是影响语言学习者选择元认知策略的因素。

Green 和 Oxford 指出，在策略使用上的性别差异在文化内部和跨文化之间都非常明显，这就是说女生和男生在语言学习上使用了不同的方法。[4] 因此，很容易理解男生和女生在英语阅读理解中使用元认知策略的差异。Green 和 Oxford 指出，这种差异可能与潜在的学习方式有关。[4]

在本文的研究中，研究者假设了一些可能的原因解释男女学生使用元认知策略的差异。一种原因可能是语言学习方式的不同。根据 Zaidi 的研究，女生和男生的智力是一样的，但他们的操作方式可能不同，因为他们似乎是使用大脑的不同部分进行编码记忆、感知情感、解决问题和做决定。[5] 大脑的某些特征在男女生的学习过程和语言发展中起着重要的作用。男性和女性的大脑结构不同，这就是为什么他们的学习、感觉和反应会有差异。女生往往倾向于使用负责语言和情感功能的大脑区域，而男生通常使用负责空间和机械任务的大脑区域。男性和女性在学习外语或是第二语言时都有自己的策略。在本文的研究中，女生与男生在元认知策略使用上存在着明显差异。女生在策划策略、管理策略、监控策略类别等方面使用元认知策略的频率明显高于男生。

四、结语

根据本文的研究结果与以往的研究结果可以得出结论，性别可能是影响元认知策略使用的一个因素。因此，性别对学习者使用元认知策略的影响是不容忽视的。

研究发现男生和女生在英语阅读理解中使用元认知策略有着显著性差异。此外，女生使用元认知策略的频率明显高于男生。这说明女学生在英语阅读理解中具有较高的元认知策略意识，她们在英语阅读方面比男生更擅长使用元认知策略。这为英语阅读教师提供了宝贵的意见。由于女生在英语阅读中的元认知策略意识可能高于男生，教师在教授学生使用元认知策略时应注意其性别差异倾向，了解男女生之间的差异有助于提高学生的英语阅读理解能力。

参考文献：

［1］周加洋. 高中生在英语阅读中元认知策略使用情况的调查研究［D］. 赣州：赣南师范学院，2013.

［2］Oxford R L, Nyikos M. Variables Affecting Choice of Language Learning Strategies by University Students［J］. The Modern Language Journal, 1989, 73(3)：291－300.

［3］周艺娟. 高二学生英语阅读中元认知策略使用情况调查［D］. 漳州：闽南师范大学，2015.

［4］Green J M, Oxford R. A Closer Look at Learning Strategies, L2 Proficiency, and Gender［J］. TESOL Quarterly, 1995, 29(2)：261－297.

［5］Zaidi Z F. Gender Differences in Human Brain: A Review［J］. The Open Anatomy Journal, 2010, 2(1)：37－55.

Oxford 语言学习策略量表（SILL）在民族地区初中英语学生中的应用

孙 霞[①]

[摘要] 本文综述国内外学者对学习策略的理解，以 SILL 为测量工具，以某中学初三年级学生为研究对象，探讨了三个问题：初三年级学生英语学习策略的使用情况，初三年级学生语言策略的使用特征，分析学生英语学习策略与英语毕业考试成绩之间的关系。笔者同时为因地制宜地运用学习策略提高少数民族地区中学英语教学质量给出建设性意见。

[关键词] SILL　学习策略　特征　信度　关系

少数民族地区的英语教学问题严重影响少数民族学生的升学、就业甚至影响西部大开发和对西部地区高科技人才的培养。[1]因此，少数民族地区英语教学问题研究颇受广大研究者关注。制约少数民族地区英语教学水平的一个重要因素是学生缺乏学习策略和英语教师对学生学习策略的忽视。学习策略是学生在学习过程中自觉使用的一系列学习行动和步骤，如学生对学习方法的掌握、对学习的态度和学习的习惯等。调查显示多数学生都不注意学习策略，导致他们学习低效，不知道英语该怎么学。对于教师来说，这也是英语教学得不到发展的原因之一。因此，教师在教学中不能只盯着书本，还要指导学生正确使用学习策略。[2]

一、文献综述

国内外学者对学习策略的研究一直争论不休。有人认为学习策略指的是语

---

① 孙霞，黔南民族师范学院附属中学高级英语教师，黔南民族师范学院外国语学院硕士研究生校外导师。

言学习者在学习过程中学习方式的总体特征，不包括可观察的学习行为的具体方式，认为具体的学习方式就是学习技巧。有人认为学习策略是旨在以影响学习者编码过程为目的的学习过程中所产生的行为和思想。[3]有人认为学习策略是指学生为了促进语言知识和其他各类知识的学习和回忆所采用的技巧、思路或有意行动。有人则认为学习策略是学习者自己构建的、直接影响学习的、促进语言系统发展的策略。有人则主张，语言学习策略是学习者为了更有效、更自主、更有趣地进行学习而采取的行动。[4]也有人主张，学习策略是学习者为了发展过渡语的手段或步骤，学习策略研究可以揭示学习者是怎样学会第二语言或其他外语的。研究者不仅对学习策略的概念进行阐述，而且也讨论了语言熟悉程度和动机等因素对学习策略的选择产生的影响。有学者发现，语言水平越高的学生使用的学习策略越多、越高级。[5]同时也有些研究者研究发现语言善学者与不善学者对学习策略的使用的异同。有的学者研究发现，善学者和不善学者在使用策略方面没有差别，只是后者使用策略时比较随意。更值得注意的是，有学者认为学习策略是可识别、可量化的，并编制了语言学习策略量表来评价语言学习策略水平。

国内学者也致力于学习策略的研究，并取得了一定的成效。有的学者从学习方法与手段等方面开展中小学外语学习策略研究。[6]有的则从学习策略综述的角度全面阐述了英语学习的策略论。也有学者具体指出学习策略的内涵是学习者为了提高学习的效果和效率，有目的有意识地制定的有关学习过程的复杂方案。

以上种种学习策略的定义及内涵的综述有利于笔者从不同的角度全面地认识学习策略。但需要指出的是，目前国内的学习策略研究大多集中在大学生学习策略使用状况的调查上，而针对中学生英语学习策略的使用情况进行调查分析的研究却鲜为人知。

二、理论依据

美国应用语言学家 Oxford 将学习策略分为两大类：直接策略和间接策略。前者是指与学习本身和目标语直接相关的策略；后者则是指辅助管理学习，不涉及学习本身的策略。直接策略又分为记忆策略、认知策略和补偿策略。记忆策略是指建立心理联系、运用图像和声音、认真复习和使用肢体动作帮助储存和使用信息。认知策略是指练习、接收、发送信息、分析和推理、为语言的输入和输出创建结构。补偿策略是指在听力和阅读中使用合理的推测，克服口语和写作中语言知识的不足。间接策略是指元认知策略、情感策略和社交策略。元认知策略是指确定学习重点、计划和安排学习、评价学习。情感策略是指降低焦虑、自我激励和自我情绪控制。社交策略是指提问、与他人合作学习及产生共鸣。本文就是以著名的 SILL 为测量工具，该量表得到了世界各国研究者的广泛应用，被 Ellis 称为是"极富价值的诊断性工具"。SILL 就是 Oxford 基于这个二维的学习策略系统编制的，包含六个分量表，分别对应上述六种学习策略。

本文基于 SILL 以某一中学初三学生为对象进行调查研究，主要探讨以下三个问题：第一，用 SILL 测量该校初三学生使用英语学习策略的情况，分析六个量表和总量表的信度以及对信度差异进行比较；第二，用 SILL 测量该校初三学生在英语学习中所表现的语言学习策略特征；第三，用 SILL 所测量的英语学习策略与初三英语毕业考试成绩之间的关系。

三、研究方法

（一）研究对象

本次调查的对象是某中学初三学生，共发出问卷 120 份，回收 112 份，回收率为 93.33%。

（二）研究工具

采用以 Oxford 语言学习策略分类系统为基础编制的语言学习策略量表 SILL。该测量表原版为英语，鉴于初中生英语水平不足以很好理解测量表内容，为了便于研究，特请两位拥有中学高级职称的英语教师将笔者提前翻译好的中译文进行审译以便初中学生能够完全理解。SILL 有六个分量表共五十个项目，分别测量语言学习中学习者所使用的记忆策略、认知策略、补偿策略、元认知策略、情感策略和社交策略。对所有题项全部采用李克特五级量表，从"从不"（1 分）到"总是"（5 分）。分量表 A 的 9 个题项测量记忆策略，分量表 B 的 14 个题项测量认知策略，分量表 C 的 6 个题项测量补偿策略，分量表 D 的 9 个题项测量元认知策略，分量表 E 的 6 个题项测量情感策略，分量表 F 的 6 个题项测量社交策略。

以教学班级为单位对受试者进行测量，采用无记名方式填写量表题项。对回收的有效问卷数据用社会统计学软件 SPSS 16.0 进行项目分析，量表的内部信度为 0.74，大于 0.70，说明问卷的内部一致性较好。

四、数据收集与分析

（一）量表项目分析

对所有被试者进行样本检验，结果见表1。

表1 学习策略低分组与高分组在毕业考试成绩上的差异

总分	组别	人数	平均值	标准差	显著性 p 值
<150	低分组	52	80.38	3.66	0.04
≥150	高分组	60	99.55	15.09	0.04

受试者学习策略总分的高分组和低分组分割点为150分，在所有题项上的显著性 p 值为0.04，均达到了显著性水平。尽管学习策略总分在高分组和低分组的内部差别不大，但是高分组的毕业成绩明显高于低分组的毕业成绩。

（二）主成分分析

为了确定SILL的结构和意义，本文对有效问卷进行了主成分分析。通过分析原始量表，可以看到认知策略方差的贡献率达到54.23%，再加上元认知策略和记忆策略积累方差达到85.31%。这表明该校初三学生使用学习策略频率较高的是认知策略、元认知策略和记忆策略，也反映了学习者的语言基础比较差，缺乏学习英语的语言环境，由于长期的应试教育，学生几乎很少用到社会/情感策略学习语言。

五、结论

通过以上数据收集及分析，本次研究可以得出以下结论。首先，针对研究问题1，研究者用SILL测量该校初三学生英语学习策略使用情况，分析六个量表和总量表的信度以及对信度差异进行比较。信度分析表明总量表信度为0.74，大于0.70，说明学习策略量表中的题项就有较好的一致性，对该校初三学生具有较好的指导意义。但在研究中也发现部分策略的信息有缺失，看来在不同文化背景下，SILL需进一步改进，以适合我国中学生学习英语的需要。其次，通过主成分分析，该校初三学生运用的学习策略主要为认知策略、元认知策略和记忆策略，补偿策略、社会/情感策略相对要少得多。从而回答了用 SILL 测量该校初三学生在英语学习中所表现的语言学习策略特征。最后，为了回答研究问题三即 SILL 测量的英语学习策略与初三英语毕业考试成绩之间的关系，通过对学习策略的总分及毕业考试成绩的分析，本文发现学习策略大于 150 分的学生主要集中在成绩高分组，学习策略小于 150 分的学生主要集中在低分组。因此，我们可以看到学习策略的运用对学习成绩是有影响的。学习成绩的提高与学习个人主观因素、努力程度和外部条件都息息相关。在少数民族地区有效的语言学习策略不仅靠学生自主学习使用，更要靠教师在日常教学中有意识地主动积极培养学生使用，才能促进英语教学质量的提高。

参考文献：

[1] 谷兰. 少数民族地区初中英语教育现状及成因分析——以云南省宁蒗彝族自治县为例[J]. 科技信息，2011（9）：138+84.

[2] 宋智慧. 浅谈初中英语学习策略[J]. 学周刊，2012（6）：62−63.

[3] Weinstein C E, Mayer R E. The Teaching of Learning Strategies[J]. Innovation Abstracts,1983,5(32):1−4.

[4] Oxford R L. Use of Language Learning Strategies: A Synthesis of Studies with Implications for Strategy Training[J]. System,1989,17(2):235−247.

[5] O'Malley J M, Chamot A U, Stewner-Manzanares G, et al. Learning Strategies Used by Beginning and Intermediate ESL Students[J]. Language Learning,1985,35(1):21−46.

[6] 吴本虎. 如何研究中小学外语学习策略：方法与手段[J]. 中小学英语教学与研究，1997，(5)：10−15+32.

第四部分

英语学习中的情感因素研究

中学生英语学习动机调控策略实证研究

白梦鸽① 陈 钧②

[摘要] 本文以都匀市484名学生为研究对象，采用李昆、高越和刘宏刚的英语学习动机调控策略理论探讨了中学生英语学习动机调控策略使用情况，使用SPSS 16.0对收集的数据进行分析。研究结果表明中学生会积极使用八种动机调控策略调控英语学习动机以促进学习。除了归因策略，初中生在八种英语学习动机调控策略即兴趣调控策略、自我效能感提升策略、掌握目标唤起策略、表现目标唤起策略、元认知调控策略、意识控制策略、自我奖励策略的使用频率上高于高中生的使用频率。

[关键词] 英语学习动机调控策略 高中生 初中生

一、引言

学习动机是指激励并维持学生朝向某一目的的学习行为的动力倾向。学习动机不仅是激发语言学习的起始驱动力，也是保持学习动力的持续性驱动力。英语学习是一个持续的过程，学习者会出现动机减弱、缺失等现象。所以，英语学习者就需要调整相应的策略维持动机的驱动性，以保障学习状态并获得理想的学习成绩。

目前第二外语动机调控研究领域多以理论研究为主，实证研究相对较少。美国休斯敦大学教育心理学系的Wolters基于前人的理论基础，分别对大学生和高中生以调查问卷和访谈的形式进行了实证研究，分析得出五种动

---

① 白梦鸽，黔南民族师范学院外国语学院2017级学科教学（英语）教育硕士研究生，研究方向：外语教学。
② 陈钧，黔南民族师范学院外国语学院教授，硕士研究生导师，研究方向：二语习得与外语教学。

机调控策略（自我奖励、环境控制、掌握目标唤起、表现目标唤起、兴趣调控），并发现积极地使用这五种动机调控策略能够帮助学习者更长时间地维持学习动力。[1][2]在国内方面，多数学者参考了Wolters的模式对中国学生的动机调控策略进行了实证调查研究。李昆使用了一份自行设计的调查问卷对学生动机调控策略的使用情况进行了研究，使用探索性因子分析的方法对数据进行了分析，得出了八种中国大学生使用的英语学习动机调控策略。[3]在国内其他学者的相关实证研究中，高越、刘宏刚结合当前中国教育现状，通过探索性因子分析得出了六种中国非英语专业大学生使用的英语学习动机调控策略。之后，高越、刘宏刚又分析出了七种中学生使用的英语学习动机调控策略。[4]本文的研究将以初一学生和高一学生为研究对象，探索初中生英语学习动机调控策略使用情况及初一学生和高一学生在策略使用上的差异。本文的研究将探索以下问题：第一，初一和高一学生英语学习动机调控策略使用情况；第二，初一和高一学生在英语学习动机调控策略使用方面有哪些差异。

二、研究方法

（一）研究对象

本文的研究以都匀市一所初中和一所高中的学生（初中生226名、高中生258名）作为研究对象，共发放了550份问卷，有效问卷484份。

（二）研究工具

本文的研究工具为初中生英语学习动机调控策略调查问卷。问卷分为两部分：第一部分为个人基本信息；第二部分以李昆、高越等学者的研究为基础，根据中学生的实际情况设计了有八个维度的动机调控策略问卷，共48个题型。[5]第一，兴趣调控策略：学生如何通过提升兴趣来增强动机强度以维持英语学习的可持续性，如寻找教材中与自身生活相关的部分或是寻找教材中自己感兴趣的部分以提升自己的学习兴趣。第二，元认知调控策略：学生通过掌握元认知调控策略维持或增强英语学习动机，如控制自身学习注意力，提醒自己按时完成学习任务或计划。第三，自我奖励策略：学习者通过给予自身一定的奖励来维持学习动机。第四，自我效能感提升策略：通过提高自我效能感维持学习动机。第五，掌握目标唤起策略：通过唤起各种掌握目标来维持学习动机，比如学习者为了提升自身能力要更加努力地学习。第六，表现目标唤起策略：通过唤起学习成果目标来维持学习动机水平。第七，意识控制策略：通过调解周围环境或自身情绪来维持学习状态。第八，归因策略：学习者把自身学习的成果归功于自身因素还是外部因素。本文的研究对问卷进行了信度分析，信度达到了 0.92。

（三）数据分析

问卷填写采用不记名的形式，共发放问卷 550 份，其中有效问卷 484 份，使用 SPSS 16.0 对数据进行分析。

三、结果分析

（一）中学生英语学习动机调控策略使用情况

本文的研究首先对整体数据使用描述性统计进行了分析（见表1），从描述性统计的结果可以看出，初中生英语学习动机调控策略的平均分从 2.57 到 3.71。根据 Oxford 的分类，从高到低排次：自我效能感提升策略（平均值为 3.71）、掌握目标唤起策略（平均值为 3.62）、表现目标唤起策略（平均值为 3.62）、意识控制策略（平均值为 3.55）为高频使用策略；元认知调控策略（平均值为 3.40）、自我奖励策略（平均值为 2.86）、兴趣调控策略（平均值为 2.85）、归因策略（平均值为 2.65）为中等频率使用策略。初中生英语动机调控策略的使用频率整体在中高水平。高中生八种英语动机调控策略平均得分根据 Oxford 的分类，从高到低排次：自我效能感提升策略（平均值为 3.36）、意识控制策略（平均值为 3.34）、掌握目标唤起策略（平均值为 3.26）、表现目标唤起策略（平均值为 3.13）均为中等频率使用策略；归因策略（平均值为 2.93）、元认知调控策略（平均值为 2.88）、兴趣调控策略（平均值为 2.60）、自我奖励策略（平均值为 2.57）为低频使用策略。高中生英语动机调控策略的使用频率总体在中等偏低水平。

表1 初中生英语学习动机调控策略使用情况

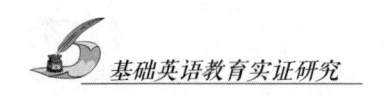

策略类别	年级	最小值	最大值	平均值	标准差
兴趣调控	初中	1.00	5.00	2.85	0.74
	高中			2.60	0.69
元认知调控	初中	1.00	5.00	3.40	0.76
	高中			2.88	0.75
自我奖励	初中	1.00	5.00	2.86	1.01
	高中			2.57	0.96
归因	初中	1.00	5.00	2.65	0.83
	高中			2.93	0.85
表现目标唤起	初中	1.00	5.00	3.62	0.79
	高中			3.13	0.73
掌握目标唤起	初中	1.00	5.00	3.62	0.78
	高中			3.26	0.73
意识控制	初中	1.00	5.00	3.55	0.75
	高中			3.34	0.75
自我效能感提升	初中	1.00	5.00	3.71	0.78
	高中			3.36	0.80

就整体情况来看，除了归因策略，初中生动机调控策略的使用频率都高于高中生。从四个较为稳定的策略来看，初中生策略使用频率从高到低为：表现目标唤起策略、意识控制策略、自我奖励策略、兴趣调控策略。高中生为：意识控制策略、表现目标唤起策略、兴趣调控策略和自我奖励策略。由此可见，初中生在英语学习方面相比高中生缺乏信心，需要通过自我鼓励或从外界获得奖赏来维持英语学习动机水平。而整体学生使用归因策略的频率普遍较低，题项设置为得分越高说明学习者越把自身学习成果的好坏归功于外部因素的影响。分析出的数据表明被试者明白学习成绩的好坏主要与自身学习努力程度有关，将自身学习成果好坏归功于自身的努力。[3]

（二）初中和高中学生在英语学习动机调控策略使用方面存在哪些差异

从表2中可以看出初中和高中学生在英语学习动机调控策略使用方面具有显著性差异。一方面有研究表明在学习英语的初期，由于处在英语作为二语的学习环境，学习者容易受到环境和教师的影响。受试的初中生来自都匀十中，都匀十中由于刚立校不久，是一所寄宿制的中学，学生大都来自附近乡镇的寄宿生。由于年纪较小，教师会在学习和生活上都给予极大的帮助，所以在英语学习的初期，学生会积极地使用调控策略来适应周边的新环境和回应教师的期望。而在高中阶段，同为寄宿制学校，学生的心智已较为成熟，能够独立的学习和生活，对于教师的依赖性小。另一方面，由于高中生面临的升学压力较大，学生失去了在学习英语初期的好奇心和期待感，经历了从主动学习到被动学习的过程，所以高中生相对于初中生策略的使用频率低。至于在归因策略方面，随着年龄的增长，学习者的独立思考能力增强，愈加关注自身的内心体验，对于自身的评价也趋于独立，能够更加客观地评价自身所处的位置，更加客观地看待周围环境和教师对自己的态度和评价，同时也对教师对于自己期望和看法的敏感度降低。

表2 初中生和高中生动机调控策略独立样本 t 检验

策略类别	年级	平均值	标准差	t 值	显著性 p 值
兴趣调控	初中	2.85	0.74	3.88	0.00
	高中	2.60	0.69		
元认知调控	初中	3.40	0.76	8.19	0.00
	高中	2.88	0.75		
自我奖励	初中	2.86	1.01	6.40	0.00
	高中	2.57	0.96		
归因	初中	2.65	0.83	−3.62	0.00
	高中	2.93	0.85		
表现目标唤起	初中	3.41	0.79	7.05	0.00
	高中	3.74	0.73		
掌握目标唤起	初中	3.62	0.78	5.54	0.00
	高中	3.26	0.73		
意识控制	初中	3.55	0.75	3.09	0.00
	高中	3.34	0.75		
自我效能感提升	初中	3.71	0.78	4.89	0.00
	高中	3.36	0.80		

四、结论

本文的研究以实证研究的方式,初步探索了初中生与高中生对于英语学习动机调控策略的使用频率及二者在动机调控策略上的差异后,得出以下结论:第一,初中生英语学习动机调控的使用频率处于中高等水平,高中生英语学习动机调控的使用频率处于中等偏低水平;第二,除了归因策略,初中生动机调控策略的使用频率都高于高中生,造成这一现象的原因是随着年龄增长,英语学习者对于周边环境和教师评价的适应性越来越独立,越来越关注自身的内心感受,外界对于学习者内心的影响效果逐渐减小。

参考文献:

[1] Wolters C A. The Relation Between High School Students' Motivational Regulation and Their Use of Learning Strategies, Effort, and Classroom Performance[J]. Learning and Individual Differences, 1999, 11(3): 281-299.

[2] Wolters C A, Rosenthal H. The Relation Between Students' Motivational Beliefs and Their Use of Motivational Regulation Strategies[J]. International Journal of Educational Research, 2000, 33(7-8): 801-820.

[3] 李昆. 中国大学生英语学习动机调控策略研究 [J]. 现代外语, 2009, 32 (3): 305-313.

[4] 高越, 刘宏刚. 非英语专业大学生二语动机调控策略实证研究 [J]. 解放军外国语学院学报, 2014, 37 (2): 33-42.

[5] 李昆. 中学生英语学习动机调控策略研究 [J]. 外语教学理论与实践, 2013 (1): 86-90.

黔南州高中生英语合作学习与学习动机相关性研究

尚华猛[①]　杨昌霞[②]

[摘要] 合作学习是学生合作实现共同目标的一种教育方法。在传统英语教学课堂中，学生往往是知识的被动接受者，不是知识的主动构建者，易造成学生失去学习英语的兴趣，学习动机会越来越低。而且，在传统英语教学课堂中，学生的学习动机等因素常常被忽视。因此，探讨黔南州高中学生英语合作学习与学习动机之间的相关性就极其重要。

[关键词] 合作学习　学习动机　相关性

一、前言

建构主义的基本观点认为知识不应直接灌输给学习者，而应该是由学习者通过自身的努力，积极、主动和有意义地构建。学习者不应被动地从教育者那里获得知识。合作学习提供了实施建构主义教育新观点的途径，学习者参加不同类型的学习活动，共同学习、互相交流、互相帮助，完成共同的学习目标。学习者通过自身的努力和与他人的合作，积极主动地构建了知识。此外，在社会文化学习理论中，与人互动起着中心作用，它不是作为输入的来源，而是作为学习者发展的塑造者。[1] 合作学习在儿童的认知发展和语言学习方面都起着至关重要的作用。

---

① 尚华猛，黔南民族师范学院外国语学院 2015 级学科教学（英语）教育硕士研究生，研究方向：外语教学。

② 杨昌霞，黔南民族师范学院外国语学院副教授，硕士研究生导师，研究方向：英语教学理论与实践。

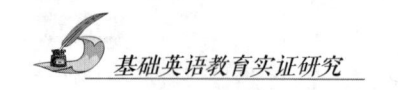

二、相关概念、研究目标和意义

（一）合作学习

在本文的研究中，"合作学习"被定义为学生随机地或系统性地被分配到小组中进行合作以实现共同的学习目标或完成小组任务的学习方法、技术或策略。

（二）学习动机

学习动机是指人类内部或外部的某种驱动力。学习动机通常被认为是一种使学习者在语言学习中采取某种特定行动的内在需求、冲动、情感或愿望。学习动机可分为三种类型：内部动机、外部动机和零动机。内部动机通常来自学生学习英语的兴趣和完成既定目标的强烈愿望。外部动机来自对奖励的期望，比如表扬、奖励、评价或者害怕惩罚。零动机指的是没有学习动机，即当学习者看不到行为及后果之间的关系时的状态。在本文的研究中，学习动机被定义为促使学生在英语学习中采取某种行为的动力或强烈愿望。

（三）研究目标

本文旨在探讨黔南州高中生英语合作学习与学习动机之间的相关性。主要分为两个具体目标：第一，黔南州高中生英语合作学习的调查情况；第二，探究高中生英语合作学习与英语动机的相关性。

（四）研究意义

合作学习作为一种教学方法，能增进学生之间的相互了解，培养其良好的交际能力，使其认同感得到提升，同时也能激发其学习思维。合作学习为高中生提供提高英语学习效率和获得更好的学习成绩的重要途径。首先，教师角色的转变，合作学习使教师的角色从课堂的权威者和控制者转变为促进学生学习的指导者，学生通过参加各种活动共同学习。其次，学生角色发生转变，在教师的指导下，学生有更多的机会合作完成任务，这有利于他们从被动的知识接受者转变为问题的解决者。最后，通过多种渠道引导学生通过合作学习获取知识。合作学习小组中的学生通过查阅书籍、咨询教师等途径，共同解决他们在学习中遇到的问题。通过这种活动，学生除掌握知识外，还可以学到更多的语言知识和技能。此外，在素质教育中，与他人合作是非常重要的。合作学习在英语教学中是实现素质教育的重要途径之一。每个小组成员都可以在合作学习中互相鼓励、分享他们的想法和解决他们的问题，这可以增强他们的合作意识。总之，合作学习可以培养学生的语言能力和探究、分享、合作、交际能力，有利于当前课程改革政策的实施和实现学生全面发展的目标。在黔南州有许多不同民族的学生，他们有自己的知识背景、心理特征、家庭环境和特定的文化氛围。这些差异导致他们具有不同的学习动机、个性、特征和思维模式，教会学生参与合作学习，帮助学生克服自卑、羞怯等不利于学习英语的心理障碍具有重要意义。

三、文献综述和理论基础

（一）国内外研究综述

通过查阅、分析国内外相关文献，关于合作学习与学习动机之间联系的研究主要有 Selvarajah、Chelliah、Meyer 等运用一项将动机和教育偏好结合的学生调查，对新西兰、澳大利亚和泰国的 453 名商业专业研究生的评估偏好进行了研究。对这三个国家的对比研究表明，具有社会型动机的学生更倾向于"合作学习"。[2] Kim、Svinicki 通过将动机定位在合作学习环境中，重新审视了大学生的成就目标取向，结果表明相关动机变量与合作学习相关。[3] 上述国外研究表明，学习动机与合作学习之间存在着一定的关系。谢子远运用问卷调查数据研究了学生的学习动机对合作学习效果的影响。他的研究成果指出学生的学习动机显著影响了他们参与合作学习，而学生的参与也显著影响合作学习的效果。[4] 郭静对学生英语学习动机与合作学习之间的关系进行了研究。这项研究涉及来自广州市五所军事职业学校的 360 名学生。结果表明合作学习与学生的英语学习动机之间存在显著的正相关关系。此研究表明，学习动机影响了合作学习的参与。[5]

（二）理论基础

研究合作学习与学习动机相关性的理论基础是动机理论。合作学习动机理论认为任务动机是合作学习过程中最重要的部分，其他过程也都是由动机驱动的。[6] 这些研究者关注的是学生的奖励或目标结构。从激励的角度来看，合作创造了一种情境，在这种情境中，团队成员实现其个人目标的唯一途径是团队的成功。因此，为了实现目标，团队成员必须帮助其他团队成员做任何能够使团队成功的事情，并鼓励其他团队成员。换而言之，基于团队绩效建立了人际激励结构，群体成员将给予相互支持，如赞扬和鼓励以响应团队成员的相关努力。从社会凝聚力理论视角来看，合作学习对成绩的影响在很大程度上是受团体的凝聚力影响的。团体互动的质量在很大程度上取决于团体凝聚力。学生可以参与任务，并帮助他人学习，这对于合作学习是至关重要的，因为他们的观念发生了变化，会变得认同团队，希望其他人获得成功。社会凝聚力理论的一个特点是强调团队建设活动，为合作学习做准备，并进行自我评估。通过仔细研究儿童的发展过程可知游戏和探索相对更重要，因为它们都是自我建构和自我激发动机的学习过程。从这一角度来看，合作学习将使教育实践能够通过培养学生积极的认知能力促进他们的学习。

四、研究方法

（一）研究问题

基于上述研究目的，本文的研究旨在回答以下问题：第一，黔南州高中生合作学习的现状如何？第二，探究高中生合作学习与英语学习动机有何关系？

（二）研究对象、工具

本文采用便利抽样的方法，选取黔南州不同县市四所高中的 646 名学生作为研究对象。在前人的研究基础上，修改、制定研究问卷和收集工具：合作学习问卷和学习动机问卷，将 SPSS 16.0 用于数据统计分析。采用两种统计方法对数据进行分析，有描述性统计和相关性分析。其中，学习动机问卷采用 Vallerand 等设计的学习动机量表（AMS）。[7]在正式开始调查前进行前测，前测信度分析情况如下（见表1）。

表 1 前测信度分析

调查问卷	参与调查人数	信度系数	问卷项目数
合作学习问卷	109	0.90	27
学习动机问卷	109	0.77	25

从表1中可以看出，合作学习问卷的信度令人满意，但学习动机问卷的信

度相对稍低。但结果并不令人满意，可能是两份问卷的结构不合理，问卷中仍然存在一些错误。这些问题通过与教师商量、讨论并咨询高中指导教师，再根据前测中学生反馈意见对问卷进行修改调整。最后，又进行正式问卷调查，正式调查的信度分析结果如下（见表2）。

表2 正式调查信度分析

调查问卷	参与调查人数	信度系数	问卷项目数
合作学习	646	0.93	27
学习动机	646	0.81	25

正式调查中的信度系数统计均在0.80以上，学生合作学习现状调查问卷的信度非常高。

（三）半结构访谈问卷

为了补充回答第一个问题并深入了解黔南州高中学生参与合作学习的情况，在学生做完调查问卷后，抽取部分学生对他们合作学习的态度进行访谈。采用主题分析法对半结构化访谈的定性数据进行分析，有助于研究者更深入地了解学生是否喜欢合作学习的原因及其在合作学习中存在的问题。结合研究目的和研究问题，本文构建了半结构化访谈问题。

五、调查结果

（一）合作学习整体情况分析

本文从四个维度（合作学习态度、合作学习特征、合作学习应用及合作学习效果）对合作学习整体概况进行分析。表3的结果表明，合作学习的总体平均值为3.31（标准差为0.69），表明高中开展合作学习的频度处于中等程度。合作学习特征、合作学习应用、合作学习态度及合作学习效果的平均值分别是3.44、3.35、3.17和3.10（见表4）。总体而言，合作学习在四个维度上都处于中等程度。这说明黔南州高中生对合作学习的整体认识不足。研究结果还表明参与者对合作学习的应用还远远不够。

表 3　合作学习整体情况描述性统计

类别	平均值	标准差	频度
合作学习整体	3.31	0.69	中等程度

表 4　合作学习四维度描述性统计

维度	平均值	标准差	频度
合作学习特征	3.44	0.85	中等程度
合作学习应用	3.35	0.73	中等程度
合作学习态度	3.17	0.90	中等程度
合作学习效果	3.10	0.88	中等程度

（二）合作学习与英语学习动机相关性

为了探究合作学习与学生英语学习动机之间的关系，本文采用皮尔逊相关分析。研究结果将回答第二个研究问题："学生的英语学习动机与参与合作学习有何关系？"如表 5 所示，表明英语学习动机与整体合作学习之间存在着正相关和显著相关（相关性系数为 0.43，显著性 p 值为 0.00），如果相关性系数达到显著性水平 0.05 或 0.01，则认为相关性是显著的。结果表明，语学习动机对合作学习有正向影响。也就是说，学习动机越强，学生参与合作学习的积极性越高。

表 5　合作学习与英语学习动机相关性

类别		英语学习动机
合作学习	相关性系数	0.43**
	显著性 p 值	0.00

注：** 代表相关性在 0.01 水平显著。

为了进一步了解合作学习与学生英语学习动机的关系，本文采用相关分析分析英语学习动机三个类型（内在动机、外在动机和零动机）及合作学习的四个维度（合作学习特征、合作学习应用、合作学习态度及合作学习效果）之间的关系（见表 6）。结果表明内在动机与合作学习的四个维度呈显著正相关（合作学习特征的相关性系数为 0.45，显著性 p 值为 0.00；合作学习态度的相关性系数为 0.45，显著性 p 值为 0.00；合作学习应用的相关性系数为 0.48，显著性 p 值为 0.00；合作学习效果的相关性系数为 0.53，显著性 p 值为 0.00），外在动机与合作学习的四个维度呈显著正相关（合作学习态度的相关性系数为0.23，显著性 p 值为0.00；合作学习特征的相关性系数为0.26，显著性 p 值为0.00；合作学习应用的相关性系数为0.26，显著性 p 值为0.00；合作学习效果的相关性系数为0.29，显著性 p 值为0.00），这意味着学生学习英语的愿望越强烈，参与合作学习的积极性和频率就越高。内在动机与合作学习的四个维度的相关系数值高于外在动机，由此可见，内在动机对学生参与合作学习的作用更大。结果还表明，零动机（无动机状态）与合作学习在四个维度上呈负相关。这意味着学生零动机的状况发生得越少，学生参与合作学习的频率就越高。

表6　合作学习维度与英语学习动机类型相关性

类别		内部动机	外部动机	零动机
合作学习态度	相关性系数	0.45**	0.23**	−0.40**
	显著性 p 值	0.00	0.00	0.00
合作学习特征	相关性系数	0.45**	0.26**	−0.30**
	显著性 p 值	0.00	0.00	0.00
合作学习应用	相关性系数	0.48**	0.26**	−0.31**
	显著性 p 值	0.00	0.00	0.00
合作学习效果	相关性系数	0.53**	0.29**	−0.34**
	显著性 p 值	0.00	0.00	0.00

注：** 代表相关性在0.01水平显著。

（三）半结构访谈分析

半结构化访谈包括六个问题。统计结果分析如下：

第一，对于问题"英语合作学习能否发展良好的人际关系"，只有40.00%的参与者认为合作学习确实能发展良好的人际关系，而60.00%的参与者持相反的观点。大多数持相反观点的参与者认为他们不能很好地融入讨论中，并且在英语合作学习过程中表达自己的观点，因为他们的英语很差。部分参与者认为这是由合作学习过程中小组成员的责任划分不清楚或个性差异造成的，要建立良好的人际关系是很困难的。

第二，对于问题"合作学习比单独学习更有趣和愉快吗"，有超过一半的参与者同意合作学习比他们单独学习更加有趣和愉快。这说明合作学习能够真正形成良好的学习氛围，使他们能够积极参与合作学习，愿意与他人分享自己的观点。

第三，在讨论"合作学习能否带来更好的英语成绩"时，只有大约30.00%的参与者相信他们通过参与合作学习活动能够得到更好的英语成绩。其他人则认为合作学习并不一定带来好的成绩。他们认为因为不敢在公共场合说英语，或者因为他们听力差，不理解别人说什么，不能进行英语合作学习。由于种种原因，学生在合作学习中没有达到预期的效果。

第四，对于问题"如果老师要求您与别的同学共同学习、讨论问题，您通常的做法是什么"，大约55.00%的参与者能够积极参加合作学习，努力思考，并与小组成员分享他们的观点和意见。而对于问题"您如何对待学习上需要帮助的同学"，大约75.00%的参与者认为他们愿意帮助别人理清思路，当别人需要帮助时，他们愿意指导其学习方法。这表明参与者非常愿意参与合作学习。

第五，对于问题"在英语合作学习中，您认为您哪些方面发生了变化（如学习成绩，兴趣，交际能力等）"，大多数参与者认为他们的交际能力得到了提高，团队成员之间的关系得到了加强。此外，还培养了学习英语的兴趣，提高了学习英语的积极性。此外，它还可以培养团队的荣誉感。但有些人认为经过一段时间的合作学习，各方面都没有变化。研究还发现，合作学习成员的观点有时过于复杂，易产生差异，他们的学习成绩不会上升，反而会下降。而少数参与者认为合作学习是浪费时间，他们也认为很难和小组其他成员相处。

六、讨论

在合作学习的整体情况中，英语学习动机和合作学习的四个维度均呈显著正相关。此外，研究还发现内部动机和外部动机在四个维度上都与合作学习相关，并且内部动机和合作学习在四个维度上的相关系数数值高于外部动机。研究表明内部动机对学生参与合作学习具有较大的作用。此外，零动机与合作学习在四个维度上呈负相关。

这可能是因为在合作学习中有强烈动机的学生更倾向于互相学习、互相交流、互相交换意见、互相受益，从而他们易获得一个较好的学习成绩。学习成绩的提升使学习者更愿意学习英语，从而与之前形成强烈的对比，有更强的学习动机。渐渐地，他们的学习动机变成了学习英语的个人兴趣，而不再是获得赞扬、奖励和奖品。通过参与合作学习，学习动机较低或没有学习动机的学生也变得愿意学习英语。

如前所述，学习动机较强的学生比学习动机较低的学生更乐于参与合作学习，因为他们想向英语水平较高的学生学习或者想学得更好。本文的研究结果与 Kim 和 Svinicki、谢子远和郭静的研究结果部分一致，他们认为学习动机与整体合作学习呈显著正相关。[3][4][5]

七、结论与启示

（一）结论

本文调查了高中生英语合作学习的现状，探讨了合作学习与英语学习动机的相关性，为学生英语学习、英语课堂教学与教师的英语教学提供实践参考。研究结论有：第一，高中生参与合作学习频率处于中等程度；第二，英语学习动机与合作学习整体现状、合作学习的四个维度呈显著正相关，英语学习动机与合作学习效果显著相关，内部动机与合作学习相关性最高；第三，半结构式访谈进一步补充说明了合作学习现状，只有约 40% 的参与者认为合作学习确实能发展良好的人际关系，而约 60% 的参与者持相反的观点。超过一半的参与者认为合作学习比独自学习更有趣和愉快，只有大约 30% 的参与者相信通过参与合作学习活动他们实际上能够获得更好的英语成绩。大多数参与者认为他们的交际能力得到了提高，团队成员之间的关系得到了加强，在合作学习中也提高了口语水平。

（二）启示

本文发现学生的学习动机与合作学习之间具有显著的相关性，内部动机与合作学习相关性最高。显然，学习动机较强的学生更乐于参与合作学习，与他人分享观点和想法，并与小组成员讨论问题。因此，激发学生适当的学习动机尤其是内部动机，是合作学习成功的关键。

参考文献：

[1] Lantolf J P. Introduction to the Special Issue: A Century of Language Teaching and Research: Looking Back and Looking Ahead[J]. The Modern Language Journal, 2000, 84 (4): 467-471.

[2] Selvarajah C, Chelliah J, Meyer D, et al. The Impact of Social Motivation on Cooperative Learning and Assessment Preferences[J]. Journal of Management & Organization, 2010,

16(1):113−126.
- [3] Kim J I, Kim M, Svinicki M D. Situating Students' Motivation in Cooperative Learning Contexts: Proposing Different Levels of Goal Orientations [J]. The Journal of Experimental Education,2012,80(4):352−385.
- [4] 谢子远. 学生学习动机对合作式学习效果的影响 [J]. 浙江万里学院学报,2010,23(5):100−105.
- [5] 郭静. 军校英语学习动机分析及合作学习的建议——以广州市某初级指挥学校为例 [J]. 疯狂英语教师版,2013 (1):42−45.

情感过滤假设与民族地区
初中留守学生英语学习兴趣分析

吴展映[①] 李 茹[②]

[摘要] 基于情感过滤假设理论探究父母关爱学生这一因素与民族地区初中留守生英语学习兴趣的关系，以改进当前教学中"重知识、轻情感"的教学现状，从而达到"以情促教""知情合一"的理想教学状态，提高民族地区初中留守学生的英语学习兴趣。

[关键词] 情感过滤假设 初中留守学生 英语学习兴趣

一、引言

核心素养教育正视学生的个体差异，正视学生的学习成绩受到学习兴趣和学习心态的影响，特别是"学困生"。[1]对此，本文基于克拉申的情感过滤假设理论，探索初中留守学生英语学习兴趣培养的教学理念，为实践教学提供参考。

二、情感过滤假设理论

20世纪70年代，美国语言学家克拉申展开了二语习得研究，并于20世纪80年代发表了《第二语言习得和第二语言学习》（*Second Language Acquisition and Second Language Learning*）、《第二语言习得的原则和实践》

---

① 吴展映，黔南民族师范学院外国语学院2016级学科教学（英语）教育硕士研究生，研究方向：外语教学。
② 李茹，黔南民族师范学院外国语学院教授，博士，硕士研究生导师，研究方向：社会语言学与外语教师教育。

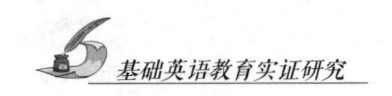

(*Principles and Practice in Second Language Acquisition*)。其中情感过滤假设认为有了大量的适合语言输入的环境并不等于学生就可以学好目的语,第二语言习得的进程还受许多情感因素的影响,如学习者的兴趣、动机、性格、情感状态等,这些情感因素被看作是可调节的过滤器。[2]语言输入必须通过情感的过滤才有可能变成语言吸入。[3]也就是说,语言的学习中情感因素既可促进学习也可阻碍学习,既可使英语学习者对语言学习感兴趣又可使英语学习者对英语学习失去兴趣。

三、留守学生的基本情况

2017年至2018年对民族地区某乡镇留守学生现状调查结果显示,在各种类型的留守学生中,同祖父母一起居住的留守学生比例高达27.53%,同母亲一起居住的留守学生比例达33.12%,同兄弟姐妹居住的留守学生达14.62%,同父亲居住的留守学生比例达22.26%,还有2.47%的留守学生与其他亲属同住。特别值得提出的是,民族地区留守学生都处于监护缺失的状态;此数据显示,留守学生处于缺少父母关爱的教育状态。

四、父母关爱因素与留守学生学习兴趣的关系

情感中的父母关爱因素与留守学生的英语学习兴趣的关系,可以从以下两个层面开展调查研究:第一,留守学生是否对英语学习感兴趣?第二,父母的关爱因素是否会影响留守学生的学习兴趣?

本文的研究以都匀市某中学为例。该中学是由乡镇中学合并而成的,位于市郊,生源主要来自附近乡镇,有80.00%的学生是留守学生;为了从学生的角度调查情感因素中父母关爱因素与学生英语学习兴趣的关系,分别从初二、初三两个年级各抽取90名学生共180名学生作为问卷调查对象。问卷的设计参考卢家楣中学教学中运用情感教学的因素现状调查问卷,此问卷设计了十六个问题,其中六个问题与父母关爱的不同点相关开展调查。[4]

(一)问卷信度检测情况

1. 案例处理汇总

调查对象为初二至初三两个年级各90名学生,总计180人,全部数据有效。

2. 可靠性统计

表1显示父母关爱因素与留守学生学习兴趣的问卷信度可靠性统计检测结果，从中可知信度系数是0.76，说明父母关爱因素的调查问卷信度良好。

表1 可靠性统计

信度系数	题项数
0.76	16

（二）留守学生自身英语学习兴趣统计

在对留守学生学习英语是否感兴趣的描述统计中有21.10%的学生非常感兴趣，36.10%的学生感兴趣，32.20%的学生一般感兴趣。结果表明想学英语的留守学生占多数，感兴趣和非常感兴趣的留守学生占57.20%。在与教师交谈的过程中得知100分的试卷，每次考试成绩在60分以上的学生约为56.00%。英语教师一致认为造成学生英语成绩不理想的因素之一是留守学生缺少父母的关爱，造成他们心理上存在自卑感，从而失去了英语学习的动机和兴趣。

（三）父母关爱因素与留守学生学习兴趣之间的关系

通过表2的方差分析结果可知，表中的线性相关性反映了自变量与因变量之间的线性关系，显著性 p 值为0.00，显著性 p 值均小于0.05，说明自变量与因变量之间存在显著的线性关系，也就是说父母对孩子的关爱程度越多，学生的英语学习兴趣越浓，英语成绩也会相应地提高，反之则英语成绩下降。

表2 方差分析

因素来源	类别	显著性 p 值
父母对你英语成绩关心的程度	线性相关性	0.00
父母有没有关注你的英语学习	线性相关性	0.02
父母是否与你的英语教师沟通	线性相关性	0.03
你成绩差时父母与你的交流方式	线性相关性	0.00
你成绩进步时父母是否给予赞扬	线性相关性	0.00
父母对你英语水平的目标要求	线性相关性	0.02

兴趣是人们积极认知某物或爱好某些活动的心理倾向，在学习上通常被称

为求知欲,是一种重要的心理活动。[5]本文的研究反映了多数留守学生自身对学习英语有浓厚的兴趣,但由于留守的缘故,缺少父母的陪同和关注,学生英语学习兴趣在原有的基础上逐渐消失。因此要减少留守学生在第二语言的学习中语言输入的情感障碍,就需架起"校家"的桥梁,用桥梁的形式拉近家长、学生和教师之间的距离;增强父母、教师对学生的共同关爱,为留守学生构建和谐、合作、愉快的学习环境,使英语教育在留守学生中真正达到《义务教育英语课程标准(2011年版)》要求,最终在初中英语教学中取得最佳效果。

参考文献:

[1] 吴燕霞,卢家楣,谢庆斌. 父母教养方式对大学生情绪表达的影响:成人依恋的中介作用 [J]. 中国健康心理学杂志,2017,25(8):1246-1251.

[2] 高翠英,毛永泉. 克拉申"情感过滤"假设对英语教学的启示 [J]. 教学与管理,2007(30):94-96.

[3] 张博文. 克拉申"语言输入假设理论"对高中英语教学的启示 [J]. 校园英语,2016(1):181-182.

[4] 卢家楣. 论情感教学模式 [J]. 教育研究,2006,27(12):55-60.

[5] 严平. 运用克拉申的情感过滤假设消除中职新生学习英语的焦虑感 [J]. 现代职业教育,2016(32)):98.

学习兴趣对高中生英语学习影响的调查分析

武小霞[①]　陈　钧[②]

[摘要] 学习兴趣作为学习活动的重要动力直接影响着高中生的学习效率和质量，所以英语学习兴趣的研究历来都得到了教育工作者的重视。本文主要采用调查问卷的方法，通过对贵州省黔南州高三学生的英语学习兴趣进行调查分析，本文发现目前高三学生的英语学习兴趣总体现状不容乐观，女生的英语学习兴趣比男生的英语学习兴趣要高，英语成绩优秀的班级与优秀的教师对学生的学习兴趣产生了积极的影响。由此，本文对培养该地区高三学生的英语学习兴趣提出了教学建议，以期能对其英语学习兴趣的提高起到参考性的作用。

[关键词] 高三学生　英语学习兴趣　调查分析　教学建议

一、引言

我国教育家心理学家燕国材指出兴趣就是人的意识对客体的内在向往和内在选择的一种表现。[1]林崇德、杨治良、黄希庭指出兴趣是人们想要认识某种事物或爱好某种活动并且会产生积极情绪的一种心理倾向，兴趣是推动人们进行活动的最现实、最活跃的存在于人们内部的动机。[2]由此可知，兴趣来源于自身内部对做每件事情的强大驱动力，这种驱动力对做一件事情的效率和成果具有很大影响。同理，英语学习的兴趣源于学生对所学内容强烈的内在驱动力。但是，目前高中生对英语这门学科的学习兴趣并不高，如何改变这一现状就是本文研究意义所在。[3]

[①] 武小霞，黔南民族师范学院外国语学院 2017 级学科教学（英语）教育硕士研究生，研究方向：外语教学。

[②] 陈钧，黔南民族师范学院外国语学院教授，硕士研究生导师，研究方向：二语习得与外语教学。

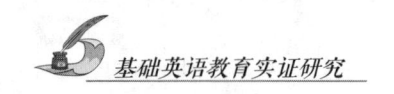

目前有关英语学习兴趣方面的国外研究者有 Amjah，有人提出学习者的兴趣对英语材料的阅读有很大的影响，如国内相关研究者有王敏丽、沈陈炎、张建花、赵会玲、李荣等。[4][5][6][7][8][9]他们主张运用形成性评价的方法激发高中生的英语学习兴趣。本文的主要目的是对贵州省黔南州高三学生的英语学习兴趣现状进行调查，了解其总体情况，分析男女学生的学习兴趣差异和不同班级的学习兴趣差异，最后提出合理的教学建议。

二、研究对象与工具

（一）研究对象

研究对象为贵州省黔南州某中学的 517 名高三学生，其中男生 269 人，女生 248 人，以普通班级为研究对象。

（二）研究问题

本文的研究问题有以下四个：第一，贵州省黔南州某中学高三学生英语学习兴趣总体情况如何；第二，贵州省黔南州某中学高三不同性别学生英语学习兴趣是否有差异；第三，贵州省黔南州某中学高三学生英语学习兴趣与学习成绩之间有何关联；第四，贵州省黔南州某中学高三优秀班级与普通班级学生英语学习兴趣是否有差异。

（三）研究工具

本文主要采用调查问卷的形式以李克特五级量表为基础，根据实际情况对问卷内容进行了改编，编制了黔南州高中学生英语学习兴趣调查问卷，其中包括 17 个选择题项目全为单选，并利用 SPSS 16.0 对问卷调查数据结果进行了定量处理。

（四）数据收集与分析

实发问卷为 600 份，收回问卷共 517 份，有效问卷为 517 份，有效率是 100.00%。调查问卷结束后，研究者对学生进行了抽样访谈，每个班抽取十名学生，目的是获取更多更深入的信息，确保答题的真实性，数据分析利用 SPSS 16.0 进行数据描述性统计和相关分析。

三、研究结果与讨论

（一）学生总体英语学习兴趣分析

为了了解学生英语学习兴趣的现状，本文对学生总体学习兴趣做了以下分析，结果如图1所示：

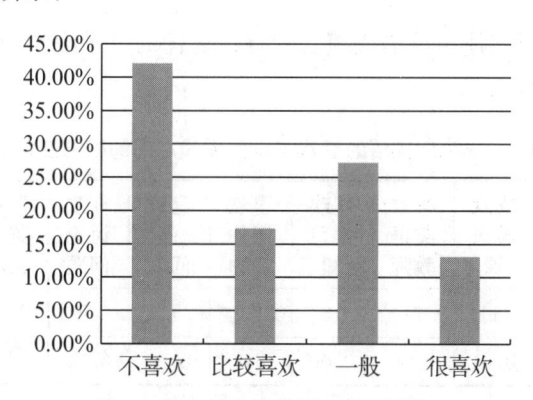

图1 学生总体英语学习兴趣情况

从图1可以看出不喜欢英语的学生占42.17%，比较喜欢英语的学生占17.41%，喜欢程度一般的学生占27.27%，很喜欢英语的学生占13.15%。这说明黔南州某中学高三学生英语学习兴趣总体情况不容乐观，应该找到影响学生英语学习兴趣的相关因素，调动学生学习英语的积极性。

（二）男女学生英语学习兴趣的比较

为了解男学生与女学生对英语学习兴趣的异同，本文把男学生与女学生英语学习兴趣的问卷情况做了如下统计，并做了相关性分析与独立样本 t 检验。

由表1可以看出男生的平均值为1.53，女生的平均值为2.74。这说明高三女生的英语学习兴趣要高于高三男生的英语学习兴趣。显著性 p 值为0.00，小于0.05，说明高三男生和女生的英语学习兴趣有显著性差异，对此教师应该找出高三男女学生英语学习兴趣差异的原因，在保持与提高高三学女生学习兴趣的同时要大力培养高三男生的英语学习兴趣。

表 1　男女学生英语学习兴趣差异分析表

性别	人数	平均值	标准差	t 值	显著性 p 值
男	269	1.53	0.96	2.29	0.00
女	248	2.74	0.87	—	—

（三）学生英语学习兴趣与成绩的关系

学生英语学习兴趣与英语成绩之间有什么样的联系呢？为此笔者做了相关性分析，如表 2 所示。

表 2　学生对英语的喜欢与学生成绩之间的相关性分析

类别	喜欢英语	喜欢英语课	喜欢英语教师	喜欢学习新知识	喜欢课外读物	喜欢问问题	喜欢讨论问题	喜欢英文交流	喜欢兴趣小组	喜欢写日记
学生成绩	0.33**	0.11*	0.71**	0.13**	0.23**	0.17**	0.02	0.07	0.04	0.32**
显著性 p 值	0.00	0.01	0.00	0.00	0.00	0.00	0.70	0.13	0.34	0.00

注：* 代表相关性在 0.05 水平显著，** 代表相关性在 0.01 水平显著。

通过表 2 可以看出，"喜欢英语"与"学生成绩"的相关性为 0.33，"喜欢英语教师"与"学生成绩"的相关性为 0.71，"喜欢课外读物"与"学生成绩"相关性为 0.23，"喜欢写日记"与"学生成绩"的相关性为 0.32，也就是说学生英语成绩与学生是否喜欢英语、喜欢英语教师及学生平时经常接触课外读物等因素呈显著正相关。

（四）优秀班级与普通班级英语学习兴趣的比较

由于此次调查是以班级为单位，那么班级的不同会对学生的英语学习兴趣有怎样的影响？本文为了了解英语兴趣与学生所在班级的关系，统计了不同班级学生的英语兴趣的情况（见表 3）。

由表 3 可知，一共有四个班级参与问卷调查，分别为高三（5）班 59 人、高三（6）班 63 人、高三（12）班 58 人、高三（14）班 63 人，其中各平均值为 3.81、3.68、3.76、4.17。这说明高三（14）班的总体成绩最好，其次是高三（5）班、高三（12）班、高三（6）班。这些班级中高三（14）班是尖子班级、高三（5）班是优秀班级，高三（12）班和高三（6）班是普通班级，说明良好的班级或良好的班级氛围会增强学生对英语学习的兴趣。

表3 学生英语成绩与其所在班级的单因素方差分析

高三班级序号	人数（人）	平均值	显著性 p 值
（5）	59	3.81	0.01
（6）	63	3.68	
（12）	58	3.76	
（14）	63	4.17	

四、教学建议

通过对高中学生英语学习兴趣的调查问卷结果分析，笔者认为激发和培养高中学生的英语学习兴趣应该从以下几个方面入手。

（一）创立合作学习小组，构建积极进取的学习环境

调查结果发现优秀的班级学习气氛好，学生之间的团结合作、互帮互助频繁，学习兴趣浓厚，因为这些班级的学生能够大胆且积极地参与课堂活动，并保持积极的心态；而班级氛围差的班级学生则比较压抑，这会抑制学生的智力活动，不利用学生对学习产生兴趣。所以，教师应努力提高自己在教学中的情感性和趣味性，营造轻松愉快的课堂气氛调动学生的学习兴趣。

（二）构建和谐师生关系，提高学生对教师的兴趣

苏霍姆斯基对教师提出的建议："让学生们把你教的学科看作是最感兴趣的学科，让尽量多的少年像向往幸福一样幻想着在你所教的这门学科领域有所创造，做到这一点是你应当引以为荣的事。"[10] 由此，教师必须摒弃传统的教育观念，主动融入学生的世界中，深入挖掘学生的无限潜能，使课堂成为学生施展才华、不断成长的优质平台，并让学生体验到学习的最大乐趣，感受到成功的真实喜悦。[11]

（三）教师广泛培养自己的技能爱好，发展学生的兴趣

在教学中，兴趣既包括学生的兴趣，也包括教师的兴趣，必须要高度重视、充分发挥教师在兴趣教学中的重要作用，教师也是兴趣教学的直接实施者，在教学中处于主导地位，在引导学生的兴趣发展过程中起着至关重要的作用。[12]教师只有发展了自身的兴趣爱好，具备了专业技能知识，才能更好地履

行实施兴趣教学的重要职责,这对教师提出了基本要求:热爱教育事业、热爱学生、广泛学习,具备对一种或几种技能或学科的兴趣和爱好,具备研究"兴趣教学"的技能。

五、总结与反思

提高学生英语学习兴趣的方法是多种多样的,其关键点在于教师,教师是学生学习的榜样,也是学生人生道路上的导航。教师的教学方法、教育教学理念会直接影响学生的学习。因此,教师在教学活动中应批判性地使用传统的教学方法,培养技能爱好,夯实专业知识技能,不断充实自己,更新教育理念,做到将理论联系实际,让学生意识到学习英语知识在现实生活中的价值和作用,这样学生才会喜欢学习英语。

本文仅仅对黔南州某中学高三学生的英语阅读兴趣情况进行了调查并提出了相应建议;后期还会进一步扩大调查范围,如对高一、高二学生英语阅读兴趣进行全面调查;此外,教学建议部分还需要进一步实施,从而不断改进和完善提高英语学习兴趣的策略和方法,形成系统,以期推广。

参考文献:

[1] 燕国材. 非智力因素的理论实证与实践研究 [M]. 上海:华东理工大学出版社,1994.

[2] 林崇德,杨治良,黄希庭. 心理学大辞典 [M]. 上海:上海教育出版社,2003:12.

[3] Krapp A. Interest,Motivation and Learning:An Educational-psychological Perspective [J]. European Journal of Psychology of Education,1999,14(1):23-40.

[4] Amjah D Y P H. A Study of Teachers' Strategies so Develop Students' Interest Towards Learning English as a Second Language [J]. Procedia-Social and Behavioral Sciences,2014,134:188-192.

[5] 王敏丽. 培养学生学习英语兴趣的方法初探——职业学校英语教学之我见 [J]. 中国校外教育,2009(1):61.

[6] 沈陈炎. 重视初中生英语学习兴趣的培养 [J]. 考试周刊,2007(7):114.

[7] 张建花. 优化课堂教学方法 激发英语学习兴趣 [J]. 教育革新,2009(12):46-47.

[8] 赵会玲. 如何保持英语学习兴趣的持久性 [J]. 中学英语之友,2009(11):65.

[9] 李荣. 浅谈学生英语学习兴趣的培养 [J]. 成才之路,2009(32):53.

[10] B. A. 苏霍姆斯基. 给教师的建议 [M]. 武汉:长江文艺出版社,2014:60+461.

[11] 伊海英. 初中英语教学中学生学习兴趣的培养探究 [J]. 考试周刊，2018 (18)：124.

[12] 薛小丽. 西方近现代兴趣教学思想研究——兼论当代教学论的重建 [D]. 重庆：西南大学，2008.

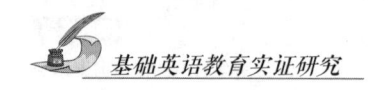

民族地区中学生英语课堂"师源性"焦虑研究

陈 钧[①] 邹 波[②]

[摘要] 焦虑是影响学生英语学习的一种重要因素,是关键的心理变量之一。而"师源性"焦虑是在教学过程中因教师的教学方法不当引发学生的语言学习焦虑。本文以黔南州三所中学的490名中学生为研究对象,通过问卷调查和收集数据对比分析了民族地区中学生英语课堂"师源性"焦虑的总体状况。结果显示,民族地区中学生英语课堂的"师源性"焦虑总体表现处于中等水平,在七个方面的焦虑上,课堂提问和教师自身素质对学生课堂焦虑的影响最大,课堂评价和教师的不良情绪对学生课堂焦虑的影响最小,男女生在课堂焦虑程度上无显著性差异。本文可为民族地区中学生英语课堂教与学提供一些启示。

[关键词] "师源性"焦虑 民族地区 中学生

随着人本主义心理学和克拉申"情感过滤假说"理论的发展,情感在教育者和语言学习者之间越发受到重视。语言学习是一种复杂的心理过程,语言学习的整个过程会受到心理情感因素的深刻影响。而在所有情感因素中,焦虑是影响学生英语学习的一种重要因素,是关键的心理变量之一。[1]语言焦虑是语言学习者特有的,不同于其他焦虑感的一种复杂的心理现象,是由语言学习过程中的独特性引起的。[2]在新的基础课程改革中,把情感态度作为课程目标之一。新的课程标准将情感态度定义为兴趣、动机、自信、意志和合作精神等各种影响学生学习过程和效果的相关因素和在学习过程中形成的祖国意识和国际视野。英语课堂焦虑作为情感因素的一个主要方面,普遍影响着学习者的英语学习,从而也备受学术界的关注。[3]由此可见,学习者的语言焦虑不仅和自身

---

① 陈钧,黔南民族师范学院外国语学院教授,硕士研究生导师,研究方向:二语习得与外语教学。
② 邹波,黔南民族师范学院外国语学院2013级英语专业本科生。

心理素质相关，也与教师的行为有着密切的联系。

国内外一些学者对语言学习焦虑进行了相关研究，"师源性"焦虑是指在教育教学过程中，语言教师的自身素质低或者采用的教学方法不适当，会直接或间接地影响学生的学习心理，引发学生的语言学习焦虑。[4]近年来，越来越多的研究者就"师源性"焦虑的问题进行研究，而研究的内容主要包括"师源性"焦虑的表现形式、成因、特点和对策，[5]如 Aida、吕红艳、胡爱晶等[6][7][8]。Aida 指出外语课堂焦虑量表（Foreign Language Classroom Anxiety Scale，FLCAS）的问世可以作为外语学习焦虑研究的分水岭。[6][9]由此可以看出，国外相关研究分为早期的实证研究和 FLCAS 问世后的实证研究。[9]对于英语课堂"师源性"焦虑的相关研究有彭青华、覃欢、冯桂玲、曾灿等，彭青华认为造成"师源性"焦虑的诱因在于教师课堂行为的影响、语言教师对师生角色认知的影响和职业压力引发的不良职业情绪的影响。[4][10][11][12]覃欢认为少数民族预科生普遍具有英语课堂焦虑，并且大部分学生焦虑程度偏高。[11]曾灿认为造成学生"师源性"焦虑的主导因素是教师自身的原因。[12]冯桂玲曾对中学生焦虑来源进行研究，尤其是对学生的"师源性"焦虑现象进行研究，并提出了一些解决焦虑的建议和措施。[11]通过翻阅大量关于语言焦虑的期刊论文和著作后，笔者发现在国内的文献中对民族地区中学生英语课堂"师源性"焦虑的研究非常少见。本文的主要目的是通过问卷收集数据，调查民族地区中学生英语课堂中的"师源性"焦虑的总体状况，比较分析男女生在英语课堂学习中的"师源性"焦虑程度是否存在差异，了解民族地区中学英语课堂"师源性"焦虑对外语学习与教学的启示。

一、研究方法

（一）研究对象

本文的研究对象为贵州省黔南州 3 所中学的 490 名高一学生，在这些中学生当中，男生有 201 人，女生有 289 人。

（二）调查工具

本次调查使用了 Horwitz 的 FLCAS 为模板，结合本文的研究对其进行了相关的补充，制定了民族地区中学生英语课堂"师源性"焦虑的调查问卷，该问卷的信度为 0.86，因此用来研究民族地区中学生英语课堂"师源性"焦虑是可靠的。问卷涉及两个部分：第一部分为性别、学校、英语水平、喜欢英语的态度这4个选项，第二部分是26个英语课堂"师源性"焦虑问题。学生根据自己的实际情况频率从"很不符合、不符合、不确定、符合、非常符合"中如实选择。该问卷包含以下七个方面的问题：第一，教师语言（问卷第1、7、13题）；第二，课堂教学活动（问卷第2、8、19、26题）；第三，课堂提问（问卷第3、14、24、25题）；第四，教师不良情绪（问卷第4、9、15题）；第五，教师自身素质（问卷第10、16、20、22、23题）；第六，课堂纠错（问卷第5、11、17、21题）；第七，课堂评价（问卷第6、12、18题）。题目以李克特五级量表的形式呈现，被试者按照自身情况选择相应等级，分值越高说明学生焦虑程度越高。

（三）数据收集与分析

问卷调查表均在学生晚自习期间发放，学生根据自身情况填写完成后收回，共发出问卷550份，收回520份，有效问卷490份。在问卷调查结束后，对学生进行了抽样访谈，访谈有利于更深入了解学生产生英语课堂"师源性"焦虑的原因。数据采用SPSS 16.0进行数据描述性统计和独立样本t检验。

二、结果与讨论

（一）民族地区中学生英语课堂"师源性"焦虑总体情况

表1显示了民族地区中学生英语课堂"师源性"焦虑总体水平，按照Oxford的划分标准（1.00~2.49属于低频焦虑，2.50~3.49属于中频焦虑，3.50~5.00属于高频焦虑）进行分析。在表2中，学生英语课堂焦虑的平均值为2.63，说明学生英语课堂"师源性"焦虑处于中等水平。从表2可以看出，在英语课堂"师源性"焦虑的分类中，七大类焦虑平均值表现由高到低顺序依次为：课堂提问、教师自身素质、课堂教学活动、教师语言、课堂纠错、课堂评价和教师不良情绪。这说明学生在英语课堂产生的"师源性"焦虑主要来自课堂提问，其次是教师自身素质和课堂教学活动。英语教师要求学生用英语进行小组讨论时，学生会紧张得说不出话。课堂上，过多的小组竞赛形式的活动，也会让学生感到紧张。教师给学生布置的任务过多不能及时完成时学生也会紧张。教师的专业知识面广，拓展的知识不适合学生现阶段学习水平时，学生因难以理解而感到紧张。课堂纠错、课堂评价和教师不良情绪三个分类在

英语课堂"师源性"焦虑表现不明显，英语教师在课堂指出学生的错误，并进行课堂评价，使学生能够掌握知识点，能够更好地学习英语，教师在上课时，或多或少会有不好的情绪，教师带着情绪在课堂上并不会影响学生的学习进度。通过访谈得知，学生产生焦虑大多来自教师的课堂提问，说明学生在课堂上害怕教师向其提问，故产生心理压力。

表1　民族地区中学生英语课堂"师源性"焦虑总体表现频率

类别	人数	平均值	标准差
英语课堂"师源性"焦虑总体	490	2.63	0.58

表2　民族地区中学生英语课堂"师源性"焦虑分类表现频率

焦虑分类统计	人数	平均值	标准差
课堂提问	490	2.99	0.80
教师自身素质	490	2.83	0.74
课堂教学活动	490	2.57	0.70
教师语言	490	2.52	0.84
课堂纠错	490	2.52	0.73
课堂评价	490	2.52	0.83
教师不良情绪	490	2.44	0.93

根据上述数据，学生在英语课堂"师源性"焦虑的整体表现水平为中等。课堂提问的平均值最高，为2.99；教师自身素质的平均值居第二位，为2.83；课堂教学活动的平均值居第三位，为2.57；教师语言、课堂纠错和课堂评价的平均值相等，为2.52；教师不良情绪的平均值最低，为2.44。问卷和访谈结果分析显示，学生在英语课堂上对自身能力不自信，对教师教学方法产生一定的抵触心理，而教师对学生课堂的控制也让他们产生了一定的心理压力，因此，学生焦虑的表现也受到教师的影响。冯桂玲的相关研究表明，学生自身的弱点如缺少自信等会导致焦虑；[2]教师的引导不当，也会导致学生焦虑。总体来看，民族地区由于经济条件、环境因素受限、师资力量不充足等原因，学生的英语水平整体不高。

（二）民族地区中学生英语课堂"师源性"焦虑单项表现频率

从表3可以看出，民族地区中学生英语课堂"师源性"焦虑单项表现频率在表中前八项都属于中频焦虑,接近高频焦虑,最后六项属于低频焦虑,都达不到中频焦虑。在表3中,前八项平均值最高(2.87~3.46),前三项平均值更接近高频焦虑。这显示学生在毫无准备的情况下就被英语教师提问,从而回答不出答案而产生焦虑;英语教师经常性地提问,其对学生的过度负责反而会使得学生对英语这门课程失去学习的信心和兴趣。而后六项的平均值(2.09~2.37),学生表现为低频焦虑,未达到中频焦虑,英语教师在课堂上语言的运用和课堂上组织英语小组竞赛对学生来说是一种新型又实用的教学方法,教师鼓励学生学习英语、用心安排小组讨论等也会调动学生学习的积极性,在负面评价上,教师并没有对学生给出过分的语言。这说明学生在教师语言、小组竞赛活动、教师情绪、小组讨论和负面评价等方面焦虑表现得不太明显,也表明学生对于教师布置课堂活动任务这一块并未产生大的焦虑感。

表3 民族地区中学生英语课堂"师源性"焦虑单项表现频率

焦虑单项统计	人数	平均值	标准差
未做好准备时英语教师提问我,我会感到紧张。	490	3.46	1.10
英语教师经常抽同学回答问题,这让我感到紧张。	490	3.08	1.20
英语教师很有责任感,这让我心情放松。	490	3.01	1.38
英语教师有时叫同学起来才提问,这让我感到紧张。	490	2.99	1.18
课堂上,英语教师会给我们布置很多任务,我因不能及时完成而感到紧张。	490	2.88	1.22
有时英语教师提问的问题表述不清,让我回答时使我感到紧张。	490	2.88	1.20
英语教师风趣幽默、性格外向,让我上课感到轻松。	490	2.88	1.28
英语教师对我们就像朋友一样,所以上课时我不紧张。	490	2.87	1.26
英语教师在课堂上对我的课堂表现进行评价时,我会焦虑不安。	490	2.78	1.17
英语教师知识面广,让我上课时更加轻松、更想学好英语。	490	2.77	1.27
英语教师的口语中有时有很多生词,我因听不懂而感到紧张。	490	2.66	1.24
有时英语教师发出的教学指令不清晰,我因不知道教师要求我做什么感到不安。	490	2.61	1.13
当英语教师向我提问时,我紧张得说不出话。	490	2.61	1.14
英语教师有时在课上发火,这让我很害怕。	490	2.60	1.29

续表

焦虑单项统计	人数	平均值	标准差
英语教师上课十分严肃，这让我感到紧张。	490	2.60	1.16
有时我听不懂英语教师用英语纠错，这使我感到不安。	490	2.58	1.21
有时英语教师以我为例，纠正同学的错误时让我感到不安。	490	2.57	1.14
英语教师有时打断我的口头表达，纠正我的错误，这让我感到紧张。	490	2.48	1.07
有时英语教师在课堂上纠正同一个同学的好几个错误，这让我感到紧张。	490	2.46	1.19
英语教师在课堂上对班级同学进行批评时，使我感到害怕。	490	2.41	1.15
英语教师课堂上的不良情绪会让我很厌恶，甚至讨厌上英语课。	490	2.37	1.23
被英语教师多次进行负面评价后，我开始讨厌上英语课。	490	2.36	1.20
有时英语教师上课时心情差，这使我心里没有安全感。	490	2.34	1.18
课堂上英语教师语速很快，我经常因听不懂而感到紧张。	490	2.28	1.01
课堂上英语教师组织过多的小组竞赛形式的活动，让我感到紧张。	490	2.24	0.99
英语教师要求我们用英语进行小组讨论时，我会紧张得说不出话。	490	2.09	1.08

总体来看，学生在英语课堂产生焦虑的前八项整体焦虑平均值表现偏高，而后六项整体焦虑平均值表现偏低。问卷和访谈结果分析说明学生对于课堂活动的形式更为喜欢，而传统的教学模式会让学生产生焦虑。综上所述，学生在前三项表现平均值接近高频焦虑平均值，说明影响民族地区中学生英语课堂"师源性"焦虑的最大因素来自课堂提问，也表明了民族地区中学生对英语教师语言技巧的要求越来越高，教师应改变课堂提问方式，多注重课堂活动并运用情感交际的方式降低学生的课堂焦虑。

（三）男女生英语课堂"师源性"焦虑程度比较

在490名学生当中，男生有201名，占总数的41.02%；女生有289名，占总数的58.98%。对于学习英语的态度，喜欢英语的学生占82.00%，不喜欢英语的学生占18.00%。焦虑的最大值和最小值都出现在女生当中，总体上男生和女生的"师源性"焦虑趋于一致，但男生的"师源性"焦虑值却要略高于女生的"师源性"焦虑值。从表4可以看出，女生组的平均值比男生组平均值稍高，但男生和女生在民族地区英语课堂"师源性"焦虑程度并无显著性差异。孙奕的相关研究表明，学生的性别在"师源性"焦虑的总水平上无显著性差异。[13] 从表5可以看出，在"师源性"焦虑的七个分类上，男生在课堂提问、教师不良情绪和教师自身素质这三个分类上的均值略高于女生，而女生在教师语言、课堂教学活动、课堂纠错和课堂评价这四项中平均值略高于男生。但总体来说，二者在这七个分类上的差距并不明显。

表4 男女学生在英语课堂"师源性"焦虑程度上的总体比较

性别	人数	平均值	标准差	t 值	显著性 p 值
男	201	2.62	0.62	−0.10	0.92
女	289	2.63	0.55		

表5 男女学生在英语课堂"师源性"焦虑程度上的分类比较

分类	性别	人数	平均值	标准差	t 值	显著性 p 值
教师语言	男	201	2.51	0.86	−0.06	0.95
	女	289	2.52	0.82		
课堂教学活动	男	201	2.56	0.73	−0.47	0.64
	女	289	2.59	0.69		
课堂提问	男	201	3.02	0.84	0.77	0.44
	女	289	2.96	0.78		
教师不良情绪	男	201	2.47	1.01	0.63	0.53
	女	289	2.41	0.86		
教师自身素质	男	201	2.84	0.75	0.41	0.68
	女	289	2.81	0.74		
课堂纠错	男	201	2.49	0.74	−0.77	0.44
	女	289	2.54	0.72		
课堂评价	男	201	2.46	0.88	−1.18	0.24
	女	289	2.56	0.78		

三、结语

由于学习环境、教学条件、考试压力、教师的教学方法及学生的学习动机等因素的影响，民族地区中学生英语课堂"师源性"焦虑总体处于中等水平，男女生在"师源性"焦虑的表现上无显著性差异。课堂提问对学生的"师源性"焦虑影响最大，说明民族地区中学生对英语教师的语言和课堂提问的要求较高，也表明教师的提问技巧在语言教学中起着至关重要的作用。

研究民族地区中学生英语课堂"师源性"焦虑的总体状况具有一定的现实意义和实用价值。贵州省民族地区经济文化相对落后、外语学习环境较差、教学设备落后、师资力量不强、外语教师的教学观念和教学方法相对滞后，这些因素都会对民族地区中学生的英语学习造成极大的影响。研究民族地区中学生的"师源性"焦虑总体状况，不仅能够为缓解中学生英语课堂"师源性"焦虑提供建议，也能够增强中学生英语学习的兴趣和信心，同时也可提高教师的自身能力，并为教学改革提供参考，教师应在教学中多给予学生引导和鼓励，减轻学生的课堂提问焦虑，从而提升课堂教学质量，促进民族地区外语成绩的提高。

参考文献：

[1] 王培培. 抛锚式教学对缓解高职学生英语课堂焦虑的有效性研究［D］. 济南：山东师范大学，2013.

[2] 冯桂玲. 浅析师源性语言学习焦虑的形成诱因及缓解策略［J］. 中学课程辅导（教学研究），2010，4（23）：25—26.

[3] 梁昕. 高中英语课堂教学中"师源性"焦虑的研究［D］. 桂林：广西师范大学，2014.

[4] 彭青华. 师源性心理因素对外语学习者语言焦虑的影响［J］. 成都教育学院学报，2006，20（6）：28—31.

[5] 刘君璐. 高一学生英语学习中师源性焦虑和成绩的相关性研究［D］. 扬州：扬州大学，2014.

[6] Aida Y. Examination of Horwitz, Horwitz and Cope's Construct of Foreign Language Anxiety:The Case of Students of Japanese[J]. The Modern Language Journal,1994,78(2):155—168.

[7] 吕红艳. 非英语专业大学生英语口语焦虑与口语学习策略的相关性研究［D］. 南京：东南大学，2007.

[8] 胡爱晶. 大学生外语课堂焦虑和口语参与意愿实证研究［D］. 长春：东北师范大学，2006.

[9] Horwitz E K, Horwitz M B, Cope J. Foreign Language Classroom Anxiety［J］. The

Modern Language Journal，1986，70（2）：125-132.

[10] 覃欢. 少数民族预科生英语课堂焦虑及课堂行为关系研究——以西南大学学生为例[D]. 重庆：西南大学，2014.

[11] 冯桂玲. 试论初中生语言学习焦虑的产生原因及应对策略[D]. 苏州：苏州大学，2008.

[12] 曾灿. 师源性隐性心理伤害产生的原因及对策[J]. 韶关学院学报，2014，35（1）：170-173.

[13] 孙奕. 高中英语课堂教学中"师源性"焦虑的调查与分析[D]. 上海：华东师范大学，2011.

民族地区初中生英语课堂焦虑与英语成绩的相关性研究

黄再秀① 陈 钧②

[摘要] 自20世纪70年代以来,学生学习过程中的情感因素备受关注,英语课堂焦虑作为一种情感过滤因素,对学生的学习有着重要影响。本文以贵州省黔南州惠水县某中学202名初三学生为研究对象,了解学生英语课堂的焦虑现状,分析英语课堂焦虑与英语成绩的相关性。研究结果表明学生英语课堂焦虑处于中等焦虑水平,英语课堂焦虑与英语成绩呈显著负相关关系。

[关键词] 英语课堂焦虑 英语成绩 现状 相关性

英语课堂是学生获取英语知识与技能的重要途径,在学生学习过程中产生的情感因素是决定其学习效果的关键。英语学习焦虑是学生在英语学习过程中产生的紧张和恐惧心理。就焦虑对英语学习的影响,英语研究领域有不同的观点:有研究发现适度的焦虑有利于英语学习,如Chastain[1]、Papi[2]等;有研究发现焦虑会妨碍英语学习,如刘珍等[3]、郭燕和秦晓晴[4]等。前一种焦虑为促进性焦虑,后一种焦虑为退缩性焦虑。

关于英语学习焦虑的研究,国内外主要从英语焦虑与英语成绩、语言学习策略、性别等方面去展开,如在国外,Rastegar和Karami对大学英语专业的学生进行调查,研究发现学生的英语课堂焦虑与英语水平呈显著负相关。[5] Ezzi从性别这一角度探索了男女生在英语课堂焦虑上的差异,其研究同样以大学生为调查对象。研究发现,男女生的英语课堂焦虑水平都高,但女生的焦虑水平均高于男生。[6]在国内,徐淑燕、杨宪华以陕西的青少年为

---

① 黄再秀,遵义航天实验中学英语教师,研究方向:外语教学。
② 陈钧,黔南民族师范学院外国语学院教授,硕士研究生导师,研究方向:二语习得与外语教学。

研究对象,研究表明青少年的英语学习焦虑与英语成绩呈显著负相关。[7]曹扬波以大一年级学生作为调查对象,研究显示女生的自我效能感和英语学习焦虑感均低于男生,自我效能感与焦虑呈显著负相关,自我效能感、考试焦虑和英语课堂焦虑能有效预测学生的英语成绩。[8]余卫华等人以非英语专业学生为研究对象,其研究表明情商与英语学习焦虑呈显著负相关,与英语成绩呈显著正相关。[9]

综上所述,国内外在英语学习焦虑的研究上取得了不少成果,但调查对象多以大学生为主,以民族地区中学生为研究对象的甚少,且研究方法多以定量研究为主,涉及定性研究的较少。在当前我国基础教育发展的大背景下,探讨民族地区中学生的英语课堂焦虑与英语成绩的相关性对民族地区中学教育的发展具有借鉴意义。因此本文以贵州省黔南州惠水县某中学202名初三学生为研究对象,采用将定量与定性相结合的研究方法,了解学生英语课堂焦虑情况,分析英语课堂焦虑与英语成绩的相关性。

一、研究方法

(一)研究对象

以贵州省黔南州惠水县某中学202名普通班初三学生(男生有92人,女生有110人)为研究对象。

(二)调查工具

主要采用问卷与访谈调查的方式,立足于民族地区初中生英语学习的特点,改编王才康[10]译的Spielberger等人编制和修订而成的调查问卷,最后与一线英语教师研讨后形成本文研究的调查问卷。英语课堂焦虑包括担心、紧张不安、害怕说英语和害怕课堂提问四个方面。

(三)数据收集与分析

实发问卷共240份,收回232份问卷,有效问卷为202份。问卷调查结束后,随机抽取25名学生进行访谈,目的是更好地了解学生填写问卷过程中的真实想法,确保问卷答题的可靠性,采用SPSS 16.0进行数据的描述性统计、相关分析与回归分析等。

二、研究结果分析

(一) 学生英语课堂学习焦虑情况

在课堂焦虑的四个维度中（见表1），除紧张不安的平均值稍低一点为2.82，其他三个维度的平均值均大于3.00，根据Oxford的划分标准1.00~2.49为低等，2.50~3.49为中等，3.50~5.00为高等，说明学生英语课堂焦虑较高，处于中等水平。该结论验证了徐淑燕和杨宪华的研究结论：青少年英语学习焦虑处于中等偏上水平，主要源于青少年自信心缺乏，担忧学习结果。[7]在本文的研究中，学生英语课堂焦虑程度由低到高为：紧张不安、担心、害怕说英语、害怕课堂提问。学生在紧张不安上的焦虑最低，害怕课堂提问的焦虑最高；通过访谈可知由于学生自尊心较强，担心回答错误后引来同学的嘲笑与教师的惩罚，除课堂提问外，学生的紧张状态基本消除。学生在担心与害怕说英语这两方面的焦虑平均值不低，说明学生担忧英语学习的过程与结果且害怕用英语交流，这主要是因为教师奖惩方式严格与学生口语表达能力较薄弱。害怕说英语与害怕课堂提问反映了学生用英语交流的焦虑，同是民族地区，研究对象的不同，但研究结论和原因与朱莉、杨雪姣的研究结论基本符合。[11]

表1 学生英语课堂学习焦虑情况

课堂焦虑	平均值	标准差
担心	3.18	0.78
紧张不安	2.82	0.80
害怕说英语	3.29	0.91
害怕课堂提问	3.32	1.04

(二) 英语课堂焦虑与英语成绩的相关性

为了解英语课堂焦虑是否对英语成绩有影响，表2是英语课堂焦虑与英语成绩的相关性数据，数据显示：担心、紧张不安、害怕说英语与英语成绩有较大的相关性，其相关系数达到了统计学上的显著性，紧张不安与英语成绩的相关性最大（相关性系数为-0.46，显著性 p 值小于0.01）；其次是害怕说英语与英语成绩的相关性（相关性系数为-0.39，显著性 p 值小于0.01）；担心与成绩的相关性最低（相关性系数为-0.29，显著性 p 值小于0.01）；害怕课堂提问与英语成绩的相关性未达到统计学意义（相关性系数为-0.14，显著性 p 值大于0.05）。虽有研究对象、教育条件等因素的不同，但该结论再次验证了前人的结论：英语学习焦虑与英语成绩呈负相关关系，如薛利芳[12]和李航、刘儒德[13]等。

表2 英语课堂焦虑与英语成绩的相关性

课堂焦虑	担心	紧张不安	害怕说英语	害怕课堂提问
相关性系数	-0.29**	-0.46**	-0.39**	-0.14
显著性 p 值	0.00	0.00	0.00	0.05

注：** 代表相关性在0.01水平显著。

（三）英语课堂焦虑与英语成绩的回归分析

为进一步了解英语课堂焦虑与英语成绩的相关性，本文的研究特地做了英语课堂焦虑与英语成绩的回归分析（见表3）。强制回归结果显示：除担心外，紧张不安、害怕说英语、害怕课堂提问这三个变量对英语成绩均具有良好的预测作用，拟合系数为0.25，即紧张不安、害怕说英语、害怕课堂提问和担心构成的组合能解释英语成绩25%的变异。四个预测变量中，紧张不安（标准化回归系数为-0.47）与害怕说英语（标准化回归系数为-0.27）的标准化回归系数分列第一位和第二位，说明在紧张不安与害怕说英语两方面焦虑越高的学生，其英语成绩就越差。此外，害怕课堂提问（标准化回归系数为0.23）对学生英语成绩的影响也不可忽视。

表3 英语课堂焦虑与英语成绩的回归分析

	变量	复相关系数	拟合系数	调整拟合系数	方差检验	标准化回归系数	t 值(197)	容差	方差膨胀因子
因变量	英语成绩	0.50	0.25	0.24	16.79*	—	—		

续表

变量		复相关系数	拟合系数	调整拟合系数	方差检验	标准化回归系数	t 值 (197)	容差	方差膨胀因子
自变量	担心	—	—	—	—	0.11	1.14	0.40	2.52
	紧张不安	—	—	—	—	−0.47	−4.81*	0.40	2.53
	害怕说英语	—	—	—	—	−0.27	−2.61*	0.35	2.85
	害怕课堂提问	—	—	—	—	0.23	2.90*	0.58	1.72

注：* 代表相关性在 0.05 水平显著。

三、结语

考虑到教师教学观念、教学评估方式、学生学习心理等因素，民族地区初中生的英语课堂焦虑处于中等焦虑状态。学生的英语课堂焦虑与英语成绩有一定的负相关关系，学生的英语课堂焦虑在一定程度上对其英语成绩有一定的预测作用。因此，如何减缓学生英语课堂焦虑是当前英语教师与教育工作者值得探讨的问题。例如，如何活跃课堂气氛、协调奖惩方式、改进教学方法等。基于上述原因分析，奖惩方式不合理与学生学习心理是造成学生英语课堂焦虑的主要原因，因而英语教师不仅要反思自身教学，更要关注学生学习心理的波动以促进教师教与学生学的协调发展。本文再次证实了焦虑因素对学生成绩的影响，研究结论也是对学习焦虑研究领域的补充，同时对民族地区教师教学观念、教学评估方式的改革等都具有一定参考价值。

参考文献：

[1] Chastain K. Affective and Ability Factors in Second-language Acquisition[J]. Language Learning,1975,25(1):153—161.

[2] Papi M. The L2 Motivational Self System, L2 Anxiety, and Motivated Behavior: A Structural Equation Modeling Approach[J]. System,2010,38(3):467—479.

[3] 刘珍，姚孝军，胡素芬. 大学生二语自我、焦虑和动机学习行为的结构分析[J]. 外语界，2012(6)：28—37，94.

[4] 郭燕，秦晓晴. 中国非英语专业大学生的外语写作焦虑测试报告及其对写作教学的启

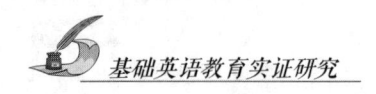

示［J］. 外语界，2010（2）：54-62，82.

［5］ Rastegar M，Karami M. On the Relationship Between Foreign Language Classroom Anxiety，Willingness to Communicate and Scholastic Success Among Iranian EFL Learners[J]. Theory and Practice in Language Studies，2015,5(11)：2387-2394..

［6］ Ezzi N A A. The Impact of Gender on the Foreign Language Anxiety of the Yemeni University Students［J］. International Journal of Applied Linguistics & English Literature，2012,1(2)：65-75.

［7］ 徐淑燕，杨宪华. 青少年英语学习焦虑与英语成绩的关系［J］. 中国健康心理学杂志，2013，21（9）：1384-1386.

［8］ 曹扬波. 大学生一般自我效能感、外语学习焦虑感与学业成绩［J］. 中国健康心理学杂志，2014，22（7）：1095-1098.

［9］ 余卫华，邵凯祺，项易珍. 情商、外语学习焦虑与英语学习成绩的关系［J］. 现代外语，2015，38（5）：656-666.

［10］ 王才康. 外语焦虑量表（FLCAS）在大学生中的测试报告［J］. 心理科学，2003，26（2）：281-284.

［11］ 朱莉，杨雪姣. 少数民族学生英语成绩与学习动机、学习焦虑的实证研究——以云南白族高中生为例［J］. 海外英语，2012（21）：28-30，36.

［12］ 薛利芳. 英语学习焦虑与英语成绩的相关研究［J］. 山西农业大学学报（社会科学版），2005，4（3）：246-248.

［13］ 李航，刘儒德. 大学生外语写作焦虑与写作自我效能感的关系及其对写作成绩的预测［J］. 外语研究，2013（2）：48-54.

黔南州初中生英语词汇学习焦虑现状及应对策略研究

陈 禹[①] 陈 钧[②]

[摘要] 在英语学习中，词汇扮演了非常重要的角色，没有语法人们还能表达一些事物，但是如果没有词汇的话，人们则无法表达任何事物。对于很多中国学生来说，学好英语词汇是一件很困难的事情。影响英语词汇学习的原因多种多样，而焦虑是其中比较重要的一个因素。在我国，许多学者对英语学习的听、说、读、写等方面的焦虑进行了研究，研究证明了焦虑感高会阻碍英语学习的听、说、读、写，而词汇学习焦虑方面的研究却不多。通过文献综述笔者也发现，很少有学者对少数民族地区初中生的英语词汇学习焦虑进行研究。因此，调查初中生英语词汇学习焦虑现状、提出解决英语词汇学习焦虑的相关策略十分必要。

[关键词] 英语词汇 学习焦虑 词汇学习策略

一、引言

随着外语教育教学的不断改革和推进，以教师为主体的英语教学改为了以学生为中心的英语教学，学生在这个教学过程中扮演着主导地位。换句话说，现在的教育研究更关注学生怎么学习英语，而不是教师怎么教英语。在二语习得领域，学生的情感因素如学习动机、学习态度、学习兴趣、学习自信、学习焦虑等引起了广大专家和学者的注意。Young 提出现在外语教学领域中面临

[①] 陈禹，黔南民族师范学院外国语学院 2015 级学科教学（英语）教育硕士研究生，研究方向：外语教学。
[②] 陈钧，黔南民族师范学院外国语学院教授，硕士研究生导师，研究方向：二语习得与外语教学。

的最大困难是要提供一个以学生为中心的低焦虑环境。[1]在我国，很多专家和学者对英语听、说、读、写等方面做了研究，却很少有学者对英语的词汇学习进行焦虑方面的研究。

关于焦虑的定义，不同的人有不同的理解。MacIntyre 和 Gardner 提出语言学习焦虑指的是学生在第二语言情景之下所产生的一种紧张感和恐惧感，包括听、说等方面。[2]总的来说，焦虑被认为是由于个体不能达到预期目标或者不能克服障碍的威胁，其自尊心和自信心受挫或其因失败和内疚而形成的紧张不安、带有恐惧感的一种生理和心理失常的现象。本文中的英语词汇学习焦虑指的是学生在学习词汇的过程中产生的一种紧张、恐惧、忧虑感，阻碍了英语词汇的学习。

本文的研究以黔南州 6 个县市 12 个城乡中学的 635 名初三学生为研究对象。运用初中生英语词汇学习焦虑量表和自我效能感量表收集定量数据，运用半结构化访谈来收集定性数据。根据研究问题分别使用描述性统计、独立样本 t 检验、皮尔逊相关性分析等统计方法分析定量数据，运用主题分析法分析定性数据。主要有以下研究目的：第一，调查黔南州初中学生的英语词汇学习焦虑状况；第二，探索引起黔南州初中英语词汇学习焦虑的因素；第三，提出解决英语词汇学习焦虑的策略。

二、研究方法

（一）研究问题

第一，黔南州初中生英语词汇学习焦虑现状；第二，引起黔南州初中生英语词汇学习焦虑的因素；第三，解决黔南州初中生英语词汇学习焦虑的策略和方法。

（二）研究对象

本文的研究对象为来自黔南州 6 个县市 12 所城乡学校的 635 名初三学生（见表1）。

表1 研究对象及人数

学校名称	研究人数	
	问卷调查（份）	访谈人数（人）
平塘县第三中学	52	5
平塘县牙舟镇中学	69	5
荔波县第二中学	51	5
荔波县甲良镇中学	40	5
三都县鹏程学校	49	5
三都县九阡镇中学	58	5
独山县第一中学	49	5
独山县麻尾镇中学	41	5
黔南师院附属中学	58	5
都匀市墨冲镇中学	60	5
惠水县第二中学	50	5
惠水县岗度中学	58	5
总数	635	60

笔者经调研总结得出总人数中的45.04%为男生，54.96%为女生；58.74%的学生是汉族，41.26%的学生是少数民族（见表2）。

表2 研究分类

变量	类别	数量	百分比
性别	男生	286	45.04%
	女生	349	54.96%
民族	汉族学生	373	58.74%
	少数民族学生	262	41.26%

（三）研究工具

英语词汇学习焦虑问卷根据前人的研究改编而来，为了避免误解采用中文版，分为两个部分：第一部分是学生的个人信息，包括学生的姓名、性别、民族、学校名称等；第二部分主要是55个五级量表的问题，详情见表3。

表 3　五级量表

符合程度	含义
量表 1=完全不符合	表示你学习英语词汇时完全不符合你的情况
量表 2=不符合	表示你学习英语词汇时不符合你的情况
量表 3=有一点符合	表示你学习英语词汇时有一点符合你的情况
量表 4=符合	表示你学习英语词汇时符合你的情况
量表 5=完全符合	表示你学习英语词汇时完全符合你的情况

在正式调查之前，笔者对都匀市甘塘中学的 60 名学生进行了试测，得出的信度系数为 0.95，高于可接受的信度系数 0.70，体现了较高的内部一致性，详情见表 4。

表 4　英语词汇学习焦虑问卷问题的信度

信度系数	问卷问题数
0.95	55

三、数据分析

为了解决第一个问题，本文的研究采用 SPSS 16.0 描述性统计方法对 635 名初三学生的英语词汇学习焦虑情况进行分析处理。根据 Oxford 的划分标准研究得出，每个平均值可以表示词汇学习的焦虑水平，平均值越大，焦虑水平越高。[3]学生的英语词汇学习焦虑水平为 1.00～5.00，平均值 1.00～2.49 表示学生词汇学习焦虑水平被认为是低焦虑，平均值 2.50～3.49 表示学生词汇学习焦虑水平被认为是中等焦虑，平均值 3.50～5.00 表示学生词汇焦虑水平被认为是高焦虑。

描述性统计分析可以得出英语词汇学习焦虑的总体平均值为 3.50（见表 5），意味着黔南州初三学生的英语词汇学习焦虑水平总体上为高焦虑。

表 5　学生英语词汇学习焦虑总体水平描述性统计

类别	平均值	标准差	焦虑水平
英语词汇学习焦虑总体水平	3.50	0.63	高

英语词汇学习焦虑问卷问题可以细分 55 个小问题，大致可以归纳成 8 类

大问题，分别是：一般词汇学习焦虑、词汇学习的形式、词汇学习的意义、词汇的使用、听词汇的焦虑、说词汇的焦虑、读词汇的焦虑、写词汇的焦虑。除词汇学习的形式方面的焦虑处在中等水平外，其他七类的焦虑都很高，说明学生学习词汇，在这些方面都存在高焦虑感。在英语词汇学习焦虑的八类当中，平均值最高的三类分别是写词汇的焦虑、读词汇的焦虑、词汇的使用，说明这三类的英语词汇学习焦虑比另外的五类的英语词汇学习焦虑更加明显和突出。

表 6 英语词汇学习焦虑不同类别的平均值

类别	问题	平均值	标准差	焦虑水平
一般词汇学习焦虑	Q1~Q13	3.45	0.69	高
词汇学习的形式	Q14~Q19、Q30、Q49、Q52	3.16	0.78	中
词汇学习的意义	Q20~Q22、Q50	3.51	0.78	高
词汇的使用	Q23~Q29、Q51	3.52	0.74	高
听词汇的焦虑	Q35~Q39、Q53	3.49	0.80	高
说词汇的焦虑	Q40~Q42、Q54	3.45	0.77	高
读词汇的焦虑	Q31~Q34	3.61	0.90	高
写词汇的焦虑	Q43~Q48、Q55	3.71	0.72	高

四、引起黔南州初中生英语词汇学习焦虑的原因

（一）内部因素

1. 性格因素

为了找出影响黔南州初中生学习英语词汇焦虑的原因，本文采用半结构式访谈的方法。有 60 名学生被邀请参加访谈，当问到"你是内向还是外向，你觉得学习英语词汇时产生的焦虑和你的性格有任何关系吗"（在问这个问题前，笔者概括性地向学生说清楚什么是英语词汇学习焦虑，降低学生的理解难度）时，68.33%的学生认为性格是影响词汇学习焦虑的潜在因素，而 30.00%的学生不确定性格是否会影响词汇学习，只有 1.67%的学生认为英语词汇学习焦虑和本人的性格没有任何关系（见表 7）。

表7 性格因素和词汇学习间的关系

类别	人数	百分比
相关	41	68.33%
不确定	18	30.00%
不相关	1	1.67%
合计	60	100.00%

2. 学生对词汇学习的认识

当学生问到"你认为英语词汇在英语学习中扮演什么角色，它们之间存在什么关系"时，大部分学生都认为词汇在英语学习中扮演了重要的作用。从访谈中，我们可以清晰地发现，访谈学生都知道词汇的重要性，但是却学不好词汇，这样的情况下学生很容易产生词汇学习的焦虑。

表8 学生对词汇学习的认识

类别	不重要	有点重要	重要	非常重要
人数	1	5	15	39
百分比	1.67%	8.33%	25.00%	65.00%

3. 学生对词汇能力的期望

当问到"你希望自己掌握多少个英语单词，掌握到什么程度，你对自己的词汇量满意吗"时，仅仅只有一个学生反映她对自己的词汇量满意。而当笔者告诉他们新课程标准要求他们掌握到1600个词汇时，72.00%的学生觉得他们的词汇量远远低于这个数字。学生认为他们不仅要会听、说、读、写这些单词，还要能够正确运用这些单词，但是，学生的实际学习情况和大纲之间要求存在较大的差距，他们抱怨不能正确听、说、读、写英语单词，更没有一个有效的词汇学习策略和方法。有些学生反映他们花了大量时间学习英语词汇，但还是经常读错、写错，有时候教师念单词时，他们听不懂，大脑里完全没有印象。很多学生也反映，尽管他们花很多时间记单词，但经过一段时间之后就忘记了，所以他们对学习词汇没有信心，而且有一种无能为力的感觉。对词汇学习的高期望和现实情况之间的矛盾使学生产生了学习词汇的焦虑感。

4. 英语词汇学习态度

当问学生"你们多久复习一次单词"时，在60个访谈者中，有9个学生介绍自己每天都会复习单词,12个学生1~2周会复习一次,3个学生一个月复习一次,3个学生期末的时候才会复习一次,然而,有31个学生从来不会复习单词。根据艾宾浩斯的遗忘规律定律,最好的复习时间是1~24小时。笔者在访谈中发现,85.00%的学生不会及时复习,而不复习的时间越长,他们忘得就越快。另外,学生也反映在考试时最怕的就是阅读理解题和写作文,因为这两种类型的题最能考查词汇量,所以每次有英语测试或考试时他们都很紧张,怕考不好被教师或家长骂,长此以往学生对学习词汇产生了焦虑也是可以理解的,因此,要求学生转变词汇学习态度、及时复习词汇是非常有必要的。

5. 消极归因

在开放式访谈中,笔者在调查过程中发现,有的学生觉得自己学不好英语词汇是因为英语本身太难了,认为英语是永远学不好的;有的学生反映他们几乎每天都不会花时间学习单词,就算是教师讲过的单词他们也很少复习;有的学生觉得自己学不好英语的原因是父母都不会英语,帮不了他们;有的学生平常不花时间学习英语,认为自己学不好是教师的问题;也有的学生认为自己是中国人,学习英语没有任何作用,学了也用不着;还有学生认为学不好英语是因为自己太笨了,总是记不住单词。

6. 自我怀疑,缺乏自信

当问学生"你和其他同学比起来,谁的词汇水平会更好些"时,大部分学生都觉得自己不如其他同学,那些平时英语学习比较优秀的学生同样有这样的想法。通过观察研究发现一些学生的词汇水平确实不理想,还有一些学生有严重的自我怀疑倾向,对自己缺乏自信心。这也难怪,教师和家长总喜欢把学生与那些学习成绩好的比较,会使学生产生一种总不如他人的感觉,在这样的情况下,那些自我怀疑、缺乏自信心的学生更易产生学习压力和焦虑。

(二) 外部因素

1. 词汇学习策略

钟慧君研究指出少数民族学生的词汇学习策略和他们的英语成绩有很大的关系。[3]根据访谈结果可知,有97.00%的学生认为使用适当的词汇学习策略和方法能够帮助他们学好词汇,有90.00%的学生反映他们的老师很少会在课堂上教他们词汇学习方法,还有58.00%的学生觉得教师教的词汇学习方法没有效果,很多学生仍然使用机械性记忆等传统的词汇学习方法。众所周知，有效的词汇学习方法和策略能够帮助学生学习英语、减少词汇学习焦虑，而学生词汇学习方法和策略长时期得不到有效解决，在学习词汇方面易产生焦虑感。

2. 教师对词汇的要求

在本文中，有 55.00% 的学生提到教师鼓励他们多记单词；有 45.00% 的学生反映他们的教师没有对他们的词汇量有任何要求；有 98.30% 的学生指出他们在课堂上有听写单词这样的活动；有 95.00% 的学生说教师会花时间讲解词汇，但有 43.00% 的学生指出教师讲解词汇的时间不够。总的来说，学生在词汇听说读写上都存在一定的问题，当他们参加词汇活动时，教师的期待和学生实际情况之间的落差会使学生感到沮丧、紧张、焦虑。

五、解决措施

针对以上的研究结果，本文给英语教师和学生提供一定的启示，为该地区初中英语词汇教学提供一定的参考价值。

第一，发动社会力量改善偏远地区中学生英语学习环境。该地区偏远农村教学环境落后，基本教学设备还需改进；教师的专业知识、专业技能、词汇教学方法还有待提高，学生和家长应该改变英语不重要的想法。

第二，英语教师应培养学生正确的英语词汇学习成败归因意识。不合理的词汇学习失败归因会阻碍他们的词汇学习。首先，教师应讲解词汇学习在英语学习中发挥的重要作用，使学生树立正确的词汇学习目标。其次，教师还要有意识地培养学生良好的、有规律的词汇学习习惯。

第三，学生应及时主动向教师请教词汇学习的方法。教师应在课堂教学中训练学生词汇学习策略，增强他们英语词汇学习策略的使用能力，尽量避免给学生带来词汇学习压力和焦虑。教师应该明确告诉学生每个单元中哪些单词是重点单词或者高频率使用的单词，鼓励学生寻找更多的机会练习词汇，给学生介绍一些适合的学习材料，设计一些有趣的词汇学习活动，比如猜谜语、词汇游戏、角色扮演、词汇找朋友、听英语歌曲补词、听写词汇竞赛等。还应该在课堂教学中有意识增强学生英语词汇学习的自我效能感和信心，多鼓励、夸奖学生，不能让他们畏惧学习英语，让他们感受到英语学习的乐趣，激发他们英语学习的兴趣。

第四，新课程标准要求在义务教育阶段初三学生的词汇量是 1600 个，在访谈研究中，大部分学生都知道词汇在英语学习中的重要性，但却不知道他们到底需要学习多少单词才满足要求。英语教师应该根据教学、学生的实际情况，分学期或学年要求学生需要掌握相应的词汇量。

参考文献：

[1] Young D J. Creating a Low-anxiety Classroom Environment: What Does Language Anxiety Research Suggest?[J]. The Modern Language Journal,1991,75(4):426−439.

[2] MacIntyre P D,Gardner R C. The Subtle Effects of Language Anxiety on Cognitive Processing in the Second Language[J]. Language Learning,1994,44(2):283−305.

[3] 钟慧君. 少数民族地区中学生英语词汇学习策略和英语成绩的相关性研究［D］. 武汉：华中师范大学，2016.

高中生英语学习逆商与英语成绩的相关性研究

周洪丽[①]　韦启卫[②]

[摘要]　本文采用问卷调查的方式，以英语学习逆商与英语成绩的相关性为研究目的，对700名黔南州的高中生进行了问卷调查。最终研究发现：第一，高中生英语学习逆商与英语成绩呈正相关关系；第二，尽管英语学习逆商与英语成绩呈正相关关系，但在影响范围这一维度当中，研究结果并未显示对学生的英语成绩有影响。

[关键词]　逆商　高中生　英语学习　英语成绩

一、引言

保罗·史托兹教授于1997年提出了"逆商"这一概念，用以衡量人们遇到困难时的心理状态、做出的反应及克服不顺境遇时的应对智力、应对能力。[1]国内对逆商的研究始于21世纪初，目前还处于起步的阶段。国内的研究者更多地侧重于把逆商的理论及原理投放到职场中研究。近几年，也有许多研究者开始把逆商与教育方面结合进行研究。但从理论到实践尚不成熟，体系也未完全建立，尤其是针对初高中学生、基础教育的研究更为稀少且多为理论研究，实证研究更为短缺。

因此本文基于马博雯的呼和浩特市高中生英语学习逆商调查研究等对黔南州的高中生英语学习逆商与英语成绩的相关性进行调查研究。[1]

[①] 周洪丽，黔南民族师范学院外国语学院2016级学科教学（英语）教育硕士研究生，研究方向：外语教学。
[②] 韦启卫，黔南民族师范学院外国语学院教授，硕士研究生导师，研究方向：外语教学与语言对比。

二、研究背景

逆商指的是一个人在逆境中的耐力和解决问题的能力,当他有困难的时候是怎么看待这个问题的,保罗认为逆商是未来成功的可靠预测指标。[2]在英语学习中,它指的是学生在学习英语过程中遇到困难时解决问题的能力,学生是否能意识到逆境产生的真正原因。

(一) 学科渗透现状

如图1所示,逆商的跨学科研究也发展迅猛,已深入教育学、心理学等多个学科,并衍生出多个交叉学科主题,以下是多个渗透学科及对应的研究主题。而在每个主题里,仍然存在许多分支,例如教育学包含责任感、挫折教育等。尽管学科渗透迅猛,但在英语学科方面的研究却少之又少。

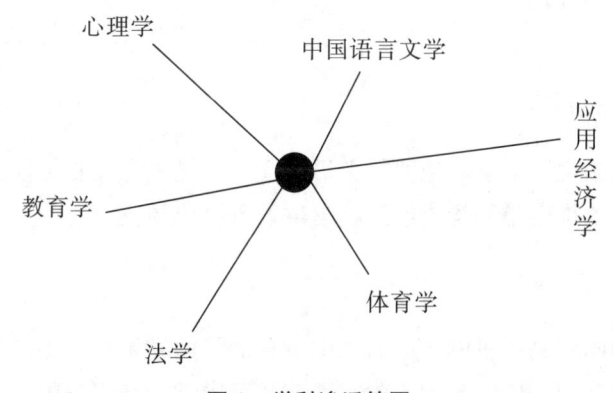

图1 学科渗透简图

(二) 逆商的四个维度

根据保罗的逆商三个层次和四个维度理论,逆商可分为四个维度(见表1)。

表1 逆商的四个维度

维度类别	定义
控制感	遭遇困难的局面时,对困境局面的掌控能力及分析、解决问题的能力。本文指的是在英语学习的过程中学生对所遇难题的掌控能力及解决能力
归因	在遭遇困难时正确分析原因的能力。本文指的是在英语学习的过程中,学生在遇到问题时能够找到真正原因

续表

维度类别	定义
影响范围	不让一个方面的挫折影响到其他无关的领域，让破坏性变小的能力。本文指的是在英语学习的过程中，学生不把在某一次的不好体验的情绪带到下一次学习过程的能力
忍耐度	认为逆境是暂时的、可解决的一种态度。本文指的是在英语学习的过程中，对遇到的问题保持乐观心态

三、研究假设

第一，高中生英语学习逆商与英语成绩呈正相关关系；第二，英语学习逆商的四个维度均能够影响学生的英语成绩。

四、研究方法

（一）研究问题

第一，高中生英语学习逆商与英语成绩之间是否存在相关性？第二，英语学习逆商的四个维度是否均能够影响学生的英语成绩？

（二）研究对象

黔南州的四所高中里的700名高中生参加了问卷调查。如图2所示，这四所高中分别为都匀一中、都匀二中、荔波高级中学与瓮安一中。本次调查研究总共发放了700份调查问卷，其中有49份问卷因信息填写不完整、答题不完整而无效，因此有效问卷为651份。其中男生受试者为262人，女生受试者为389人。本文采用了非概率抽样中的配额抽样，以确保各个学校的受试者人数和各年级的受试者人数大体平衡。由于进行本次调查研究时，高三的学生们正处于紧张的复习和高考备战过程中，为了不打扰学生的复习，故本次调查研究的对象主体不包含高三学生，仅为高一与高二的学生。

人数（单位：人）　　　　　　　　　　　总人数：651

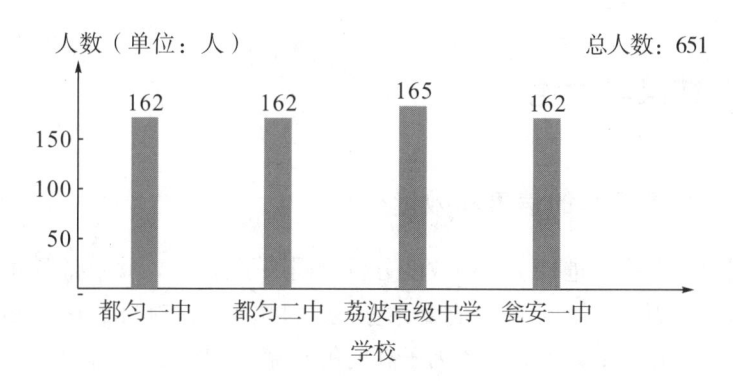

图2　本次研究受试者

（三）研究工具

数据收集及分析研究工具为问卷调查。本次采用的调查问卷是由研究者查阅Paul的逆商调查问卷、陈洁天[2]的英语逆商调查问卷后，结合本次研究的地域特点、研究对象的特点进行设计。问卷由两个部分组成：第一部分为学生的个人信息；第二部分为量表主体，由四个维度组成，共48个题项，回答采用李克特五级量表（1=总是符合、2=经常符合、3=有时符合、4偶尔符合、5=从不符合）。问卷设计完成后，为了确保问卷的可信度和有效度，研究者采取了两种方法对问卷进行验证：第一，请求五位专家对该问卷的内容、结构等是否合理进行论证，专家分别是来自高校和教学一线的人员；第二，采用统计学当中的因子分析测试问卷的信度与效度。同时，笔者对100名受试者进行了前测。然后回收问卷进行统计分析，并根据前测结果分别在内容、结构、排版等方面进行了修改。在修改完后进行了第二次测试，再次修订，最后成型。

（四）数据收集与分析

在调查问卷制作好后，发放给700名学生填写。收回数据后，对数据分别进行了描述性统计分析和相关性分析。

本文的研究采用了SPSS 16.0软件进行数据录入与分析，为了回答问卷中的问题，采用相关分析来回答本次的两个研究问题。第一，高中生英语学习逆商与英语成绩之间是否存在相关性？第二，英语学习逆商的四个维度是否均会影响学生的英语成绩？

五、结果与讨论

（一）测量工具的信度和效度分析

数据收集完成后进行了结构效度分析（同因子分析），共获得了九个因子。结果见表 2、表 3。该问卷的信度系数为 0.95。所有项目的因子负荷均在 0.30，特征值在 1.0 以上，九个因子总的解释率为 58.25%。确保问卷的信度系数与各维度的信度都较高，介于 0.80~0.95。

表 2　信度数值表

逆商	信度系数	题项数
数值	0.95	49

表 3　因子分析表

因子	特征值	方差	旋转后方差
1	6.70	13.67	13.67
2	5.43	11.07	24.74
3	3.97	8.16	32.90
4	3.51	7.17	40.07
5	2.53	5.16	45.23
6	2.02	4.11	49.34
7	1.73	3.54	52.88
8	1.34	2.74	55.62
9	1.29	2.63	58.25

（二）学生英语学习逆商与英语成绩之间是否存在相关性？

表 4 结果显示英语学习逆商水平与英语成绩的相关性系数为 0.43**，显著性 p 值小于 0.05。因此笔者可得出结论：学生英语学习逆商与英语成绩存在相关性。

表 4　学生英语学习逆商与英语成绩相关系数表

英语学习逆商	英语成绩
	0.43**

注：** 代表相关性在 0.01 水平显著。

（三）英语学习逆商的四个维度是否均能够影响学生的英语成绩？

控制感、归因、影响范围及忍耐度这四个维度的相关性系数分别为 0.53、0.36、0.16 和 0.39，这意味着四个维度与学生的英语成绩也有着显著的正相关。值得一提的是控制感、归因和忍耐度与英语成绩之间的相关系数较高，分别是 0.53、0.36、0.39，而在影响范围这一维度当中，相关系数较低仅为 0.16，这意味着该维度对学生英语成绩的影响虽有，但极其微小，几乎可以忽略不计，并且可以在下一次测试中删除。

表 5　学生英语学习逆商与英语成绩相关系数表

类别	控制感	归因	影响范围	忍耐度
英语成绩	0.53**	0.36**	0.16**	0.39**

注：** 代表相关性在 0.01 水平显著。

（四）讨论

本次调查结果显示，学生英语学习逆商与英语成绩呈正相关。不仅体现在整体层面上，在各个维度也是如此，影响范围这一维度对英语成绩的影响较为微弱。这说明实际上逆商对学生的英语学习有很大的影响。如果一个学生的英语学习逆商水平越高，那么他的英语成绩也会不错。也就是说，如果一个学生想提高自己的英语水平，可以从提高逆商这方面入手。

在我国，一些研究者也认为，学生英语学习逆商与英语成绩有很强的正相关关系。例如，陈洁天调查了初中生逆商与英语学习的相关性，并分析了逆商不同维度与学生英语成绩的相关性。其结果也表明，如果学生的英语学习逆商很高，那么他的英语成绩会很好。因此，她根据调查结果给出了一些有助于提高学生英语学习逆商的策略。[2] 齐媛媛、苏妍探讨了大学英语教学对学生逆商培养的重要性，阐述了逆商训练与大学英语教学的关系。[3]

同时，其他国家学者也对这一方面进行了一些研究。他们也认为学生的逆商与成绩有很大的关系。并且这种情况不仅在英语学科中出现，在许多其他科目中也出现了。有学者研究了中学生学习成绩与他们的逆商之间的相关性。结果表明它们的相关系数是非常高的。有学者在研究中指出，成绩好的学生的逆商比成绩差的学生的逆商要高。不过，并非所有研究都得出了同样的结果。Mohd 的研究显示，逆商对参与者成绩差异的影响仅为 0.90%（相关性系数为 0.10），即学生的逆商与成绩之间的相关性并不显著。[4]尽管如此，从大部分的研究结果当中可以发现，逆商对英语学习、英语成绩有一定影响，值得深入挖掘研究。

但是，为什么它们之间会存在正相关关系？可能的解释是那些英语成绩优异的学生善于控制他们在英语学习的过程中要面对的逆境。逆商水平代表着一个人看待问题、分析问题、解决问题的方式和能力。一个学生的逆商高意味着他解决问题的能力也很强。在英语学习过程中，如果遇上难题，他能够有条不紊地掌握局面、分析问题，进而采取一些措施解决这个问题，并且不会因为在某一个学科上遭遇挫折影响另一个学科的学习。长此以往，学生便能够建立处理问题的自信心。

英语学习逆商较低的学生可能不敢面对困难，他们可能会回避这个问题，也不能处理问题，引起恶性循环。值得一提的是，不仅对英语来说，在其他许多科目中，逆商也可能是一个很好的预测指标。

六、结语

本文基于保罗的逆商理论，在前人的研究基础上对黔南州的高中生英语学习逆商与英语成绩的相关性进行了研究。结果显示：第一，高中生的英语学习逆商与英语成绩存在显著的正相关关系；第二，在各个维度间，除了影响范围对学生的英语学习成绩的影响可以忽略不计，其他三个的维度影响力均能够很大程度上影响学生英语成绩。

因此，为了提高学生的逆商与英语成绩，高中英语教师应该把逆商教育渗透到平时的教学工作当中，提高学生的逆商水平，并根据学生的表现，加大培养学生比较弱势的逆商维度。对于学生来说，首先需要了解自己的逆商处于哪个等级，找出需要提升的维度，最后进行针对性训练。而对于父母来说，如果孩子陷入逆境，正确的方式就是给他们正确的指导。

参考文献：

[1] 马博雯. 呼和浩特市高中生英语学习逆商调查研究［D］. 呼和浩特：内蒙古师范大学，2017.
[2] 陈洁天. 初中生英语逆商探究及其教学启示［D］. 开封：河南大学，2015.
[3] 齐媛媛，苏妍. 探索高校英语教学中对学生逆商培养的重要性［J］. 科技信息（科学教研），2007（14）：402+255.
[4] Mohd E E M M, Ahmad Z K, Nordin A R. The Influence of AQ on the Academic Achievement among Malaysian Polytechnic Students[J]. International Education Studies, 2015,8(6):69-74.

瓮安县初中生英语学习风格调查研究

张 旭[①] 陈 钧[②]

[摘要] 本文以贵州省瓮安县四所中学的 400 名八年级学生为研究对象，以了解本地区学生在英语学习中的总体学习风格倾向，分析本地区男女学生在英语学习风格倾向方面的差异。结果表明瓮安县初中学生的英语学习风格中占主导地位的是感知型学习风格，男女学生在英语学习风格倾向方面存在显著性差异。

[关键词] 英语学习 风格倾向 性别

一、引言

学习风格一词最早由美国学者哈尔勃特在 1954 年提出。学习风格是指学习者在长期的学习以及与他人学习互动中所表现出来的一种习惯性的、持久地获取、储存、处理知识与技能的一种倾向。对学习风格的研究有助于教学者更好地了解学习者，有助于其更好地因材施教，同时也有助于学习者更好地了解自身的特点，找到适合自己的学习方法，对研究语言学习过程具有积极的指导意义。

国外关于语言学习风格的研究始于 20 世纪 50 年代，国外的研究主要分为三个阶段：第一个阶段是 20 世纪 50 年代至 60 年代，研究者主要从不同的方面对学习风格进行了定义；第二个阶段是 20 世纪 70 年代到 80 年代，在这个阶段形成了许多关于学习风格的理论，同时该研究也引起了许多研究者的重

---

① 张旭，黔南民族师范学院外国语学院 2015 级学科教学（英语）教育硕士研究生，研究方向：外语教学。
② 陈钧，黔南民族师范学院外国语学院教授，硕士研究生导师，研究方向：二语习得与外语教学。

视；第三个阶段是20世纪90年代初，研究者将理论运用于具体的研究领域。在这期间，有许多研究者在该领域进行了多方面研究，主要的研究集中在以下两个方面：第一，学习风格偏好，如Melton[1]等；第二，学习风格和学习策略使用的联系等。

国内对学习风格的研究略晚于国外，国内学者是从20世纪90年代才开始研究该领域的。国内在该领域的研究主要集中于三方面：理论性的、实证的及教学实践的。国内学者的研究主要关注了几个变量：性别、教学风格、学习策略、学生的来源等。但是大部分的研究者都将研究对象确定为成人或最低限定为高中生，极少有研究者关注义务教育阶段的学习者，因此，本文将初二学生作为研究对象，旨在研究处于青春发育期初学者的英语学习风格，并试图探究在此年龄阶段的男女学生在英语学习风格倾向方面是否存在差异。

二、研究方法

（一）研究对象

研究对象为贵州省瓮安县四所中学的400名初二学生（男生有178，女生有222人），以学生所在自然班级为单位。

（二）研究工具

本文使用的调查工具为问卷，问卷采用的Cohen的初学者学习风格调查表，该调查表被全世界多个国家的研究者广泛用于调查初级水平英语学习者的风格倾向，是一个比较可靠的研究工具。该问卷采用李克特三级量表，从"我很少或基本这样"到"我经常或总是这样"，要求学生根据自己的实际情况作答。

（三）数据收集与分析

问卷在经多次翻译和校对为汉语后，发放给人数为50人的一个自然班级进行前测，发放时间是在学生上课期间，在发放之前，由研究者对被试学生进行说明，学生完成后收回。在收回后对学生理解不透的有歧义的选项表述进行了再次修改。在正式调查时，发放问卷415份，实际收回400份。所有收集后的数据录入系统，采用SPSS 16.0进行了信度分析、描述性统计、独立样本t检验统计分析。

三、结果与讨论

（一）学生总体学习风格倾向

Cohen 将学习风格分为三大维度：感知型学习风格、个性型学习风格、认知型学习风格。再在三大维度中划分为九个小类的学习风格。

表1显示了学生英语学习风格的整体倾向。在三大维度中，学生有最多倾向的是感知型学习风格，其平均值得分是最高的，为2.62。从平均值得分可以看出，排在第二的是个性型学习风格，最后的是认知型学习风格。

表 1　学生英语学习风格倾向

类别	学生总数	平均值	标准差
感知型	400	2.62	0.48
个性型	400	2.02	0.29
认知型	400	1.92	0.23

表2呈现的是学生的英语学习风格在具体九个小类中的分布情况。从平均值上可以看出，排在前两位的是感知型学习风格中的听觉型学习风格和触觉型学习风格（平均值为2.96和2.89），第三位是个性型学习风格中的外向型，感知型学习风格中的视觉型以1.99的平均值在第四位。在九个小类的学习风格中，学生最不倾向的是认知型学习风格中的开放型。从表1和表2可以看出，在感知型的学习风格中，瓮安县的四所被试学校中的初中生偏好于听觉型、触觉型；在个性型的学习风格中，通过平均值比较可以看出，学生偏好于外向型；在认知型的四个小类别的学习风格中，平均值最高的是个体型，平均值最低的是开放型。这也表明学生偏好于认知型的个体型学习风格，而最不偏好于开放型。

表 2　学生在九个小类别中的英语学习风格倾向

英语学习风格倾向		平均值	标准差
感知型	视觉型	1.99	0.34
	听觉型	2.96	0.69
	触觉型	2.89	0.71

续表

英语学习风格倾向		平均值	标准差
个性型	外向型	2.05	0.41
	内向型	1.95	0.37
认知型	封闭型	1.96	0.46
	开放型	1.77	0.42
	整体型	1.94	0.39
	个体型	1.98	0.38

出现这样结果的一个主要原因是学习者的年龄。年龄是一个影响学习者学习风格的重要因素。有学者就曾指出，学生的英语学习风格偏好是从视觉到触觉再到口头的过程。当他长大成人，将会显现出一种或几种比较明显的风格偏好。本文的研究对象均为13~14岁的初二学生，系统地学习英语有将近两年的时间，在以往的学习过程中已经形成自己独特的学习风格，但还不是稳定的。所以，他们可能倾向于一种或多种学习风格。

年龄因素可能会给学生的认知发展带来一定影响。另外，学习者的认知发展具有生理和年龄的发展基础。也就是说，学习者的认知发展是受生理、年龄影响的。在本文的研究中，研究对象的认知可能受到年龄的影响。

每个独立的个体由于自身智能的组成而具有不同的智能组成，个体的智能同样会影响其学习的风格。这就解释了为什么感知型中视觉型学习风格的学生喜欢直观的学习方式，而感知型中触觉型学习风格的学生喜欢动手的方式等。

2. 男女生英语学习风格差异

研究者将样本学生中的数据按性别可划分为男生组和女生组，通过 SPSS 16.0 独立样本 t 检验，两组学生的英语学习风格倾向情况见表3。

表3显示了男女学生的英语学习风格倾向差异，从表中可以看出女生组在视觉型、听觉型、触觉型、封闭型和个体型五个类型的学习风格中比男生组显示出较强的偏好；男生组则在内向型和开放型两个类别中显示出比女生组更强的偏好；根据外向型和整体型两组的显著性 p 值显示，两组学生在这两个类别的学习风格偏好方面没有显著性差异。该结果与余心乐的研究结果不一致。[2]

表3 男女生的英语学习风格倾向差异

学习风格	分组	学生总数	平均值	标准差	t 值	显著性 p 值	差异类型
视觉型	男生	178	1.95	0.32	−4.26	0.00	女>男
	女生	222	2.05	0.35			
听觉型	男生	178	2.90	0.70	−2.92	0.00	女>男
	女生	222	3.04	0.68			
触觉型	男生	178	2.80	0.72	−3.78	0.00	女>男
	女生	222	2.99	0.69			
外向型	男生	178	2.08	0.42	−0.08	0.94	—
	女生	222	2.09	0.41			
内向型	男生	178	1.98	0.37	2.13	0.03	男>女
	女生	222	1.93	0.38			
封闭型	男生	178	1.90	0.45	−4.19	0.00	女>男
	女生	222	2.04	0.45			
开放型	男生	178	1.84	0.42	4.63	0.00	男>女
	女生	222	1.70	0.41			
整体型	男生	178	1.97	0.38	1.82	0.07	—
	女生	222	1.92	0.40			
个体型	男生	178	1.95	0.39	−3.69	0.00	女>男
	女生	222	2.05	0.37			

有两个方面的原因可能导致男女生在英语学习风格方面的差异：一是生理方面的，二是社会影响方面的。针对生理方面有学者曾指出科学研究证明了男女生的左右脑功能的发展速度和水平是不一致的。社会影响方面导致女生与男生在学习方式上产生了差异。

四、结语

影响学生英语学习风格偏好的因素可能是多方面的，学生的学习经历、教师的教学风格、学生的英语学习信念、学生的家庭等。瓮安县初中学生中占主导地位的英语学习风格是感知型的学习风格，在这一维度中他们有较强偏好的是听觉型的学习风格。笔者发现男女生在英语学习风格方面是有显著性差异的。

研究初中生的英语学习风格具有较强的现实意义和实用价值。瓮安县地处黔南州的中部，是一个少数民族和汉族杂居的地区，英语学习环境较差、师资力量不强、英语教师的教学理念和教学方法滞后等因素都对本地区学生的英语学习造成极大影响。研究本地区学生的英语学习风格有助于教师更好地认识学习风格，学习风格无好坏之分，更有利于教师因材施教。同时，也让学生认识自身独特的英语学习风格偏好，有助于学生选择适合自己的学习策略，以此提高其学习效率。本文对家长也是有帮助的，能够使家长更懂得如何辅导学生的学习。

参考文献：

[1] Melton C D. Bridging the Cultural Gap: A Study of Chinese Students' Learning Style Preferences[J]. RELC Journal,1990,21(1):29-54.

[2] 余心乐. 关于中国英语本科学生学习风格的研究[J]. 外语教学与研究，1997（1）：62-68.

高中生英语学习力调查研究

曾令艳[①] 陈 钧[②]

[摘要] 本文以贵州省黔南州四所中学高中学生为研究对象,调查并分析其学习力各维度之间的相关性及英语学习力的影响因素,其结果为:第一,黔南州高中生英语学习力各维度之间呈显著的相关性;第二,影响高中生英语学习力的因素有学生学习兴趣低、学生缺乏有效学习策略、学生的思维方式单一、老师的教学风格。

[关键词] 英语学习力 高中生 相关性

学习力是近年来在国内外教育领域中兴起的一种新的学习能力,反映了学生学习行为、思维和情感等方面的特点;推动自觉学习的潜能是一个整体的体系,它支持着学生进行持续的学习。[1]这体现在个体解决问题的方法和态度上,从而使人不断地学习、变化和提高。在这种影响下,人们能够从不同的途径获得必要的知识和技术。

2004年,布里斯托尔大学的Ruth Deakin Crick从学习能力、学习特点、学习情境和学习联系四个角度对10000余人进行了调查,并从以下七个维度归纳了影响学习力的要素。[2]

转变与学习(Changing and Learning):是学生自己的一种转变与发展。学生相信可以通过学习来提高自己的智能,增强学生的自信,并期望在学习过程中能有更好的改变。

关键的好奇心(Critical Curiosity):指具有求知欲、愿意提出问题、掌握事情的实质和拥有自己的判断力的一种心理状态。在这一因素中,学生可以积

[①] 曾令艳,黔南民族师范学院外国语学院2016级学科教学(英语)教育硕士研究生,研究方向:外语教学。
[②] 陈钧,黔南民族师范学院外国语学院教授,硕士研究生导师,研究方向:二语习得与外语教学。

极地挑战和探究。

意义创造（Meaning-making）：把所学的东西与现有的东西连接起来，创造出一个最新的发展空间，并组织有意义的研究。

创造性（Creativity）：学生可以进行横向的思考，充分利用想象、视觉比喻和直观的知识，积极地寻找解决问题的方法。

学习联系（Learning Relationships）：可以自主或与别人在一起进行学习，愿意与别人交流意见，愿意求助别人并愿意帮忙。

策略意识（Strategic Awareness）：学生自觉制订学习计划，对自己的情感进行有效的调控，并适时地对自己的学习进行调节。

适应性（Resilience）：在感到未知、困惑和挫败的时候，学生可以坚持下去，保持乐观、不屈的求知态度。

这七大维度是互相依赖的，只要有一项或两项能发展起来，其他因素和个人的总体学习能力都会有不同程度的提升。通过对七大维度的动力学研究，本文开发了一种评价学习能力的新途径。在此研究的基础上，根据每个受访者的真实状况和问卷调查结果，将每个维度分为三个层次，也就是"有点像我""比较像我"和"非常像我"，它们是用线条相连的。

一、研究方法

第一，研究对象。本文的研究对象是来自贵州省黔南州四所中学的 600 名高中学生。

第二，研究工具。本文的研究借鉴 Elli 关于学习力维度的分类方法来设计调查问卷。调查问卷由两个部分组成：第一部分是对学生相关背景的了解；第二部分是英语学习力，共有七个维度 56 个项目，其中 1~9 项为转变和学习方面的，10~17 项为关键的好奇心方面的，18~24 项为意义创造方面的，25~33 项为创造性方面的，34~41 项为适应性方面的，42~49 项为策略意识方面的，49~56 项为学习联系方面的。每一个项目都采用的李克特四级量表，1 代表不像我，2 代表有点像我，3 代表十分像我，4 代表非常像我。在问卷中还涉及对学生的性别、年级、对英语的喜好、课外练习频率的了解。此外，还针对研究中的问题对学生进行了个人访谈。

第三，研究问题。本文旨在探讨两个问题：第一，黔南州高中生英语学习力各维度之间的关系如何？第二，什么因素影响了黔南州高中生的英语学习力？

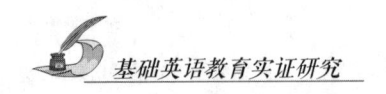

第四，数据收集与分析。问卷是在真实的课堂环境中进行的，研究者参与了问卷收集的整个过程。研究者共发放 600 份问卷，共回收 600 份，问卷回收率为 100%。在将回收的问卷整理之后，运用 SPSS 16.0 对所得数据进行分析。

二、研究结果与讨论

（一）黔南州高中生英语学习力各维度之间的关系

高中生英语学习力各维度的相关性分析（见表1），本文分析了英语学习力各维度之间的相关性。结果表明受试者英语学习力各维度之间是紧密相关的，有研究者提出学习力就像是双螺旋结构，各维度之间是紧密相连且相互作用，共同促进学习力的提升的。由此，教师在课堂上应充分提高学生在各维度上的表现能力以促进学生提升英语学习力。

表1　高中生英语学习力各维度的相关性分析

维度	相关系数	转变与学习	关键的好奇心	意义创造	创造性	适应性	学习联系	策略意识
转变与学习	相关性系数	—	0.67**	0.65**	0.59**	0.53**	0.55**	0.50**
	显著性 p 值		0.00	0.00	0.00	0.00	0.00	0.00
关键的好奇心	相关性系数	0.67**	—	0.71**	0.68**	0.57**	0.61**	0.63**
	显著性 p 值	0.00		0.00	0.00	0.00	0.00	0.00
意义创造	相关性系数	0.65**	0.71**	—	0.72**	0.57**	0.62**	0.66**
	显著性 p 值	0.00	0.00		0.00	0.00	0.00	0.00
创造性	相关性系数	0.59**	0.68**	0.72**	—	0.56**	0.63**	0.67**
	显著性 p 值	0.00	0.00	0.00		0.00	0.00	0.00
适应性	相关性系数	0.53**	0.57**	0.57**	0.56**	—	0.51**	0.57**
	显著性 p 值	0.00	0.00	0.00	0.00		0.00	0.00
学习联系	相关性系数	0.55**	0.61**	0.62**	0.63**	0.51**	—	0.67**
	显著性 p 值	0.00	0.00	0.00	0.00	0.00		0.00
策略意识	相关性系数	0.50**	0.63**	0.66**	0.67**	0.57**	0.67**	—
	显著性 p 值	0.00	0.00	0.00	0.00	0.00	0.00	

注：** 代表相关性在 0.01 水平显著。

（二）影响了黔南州高中生英语学习力的因素

结合问卷与访谈得知影响黔南州高中生英语学习力的主要因素有以下几方面：第一，学生学习兴趣低。学习兴趣是影响学生学习的一个重要因素，有着浓厚学习兴趣的学生往往在课堂上表现得比较积极且对课堂上的知识点有较强的好奇心。笔者根据访谈得知学生对英语学习的兴趣不强，他们难以坚持自己的学习计划和解决学习中遇到的困难。第二，学生缺乏有效学习策略。学习策略是指一套用于解决学习中存在的问题的方法。对于英语学习而言，听、说、读、写各有不同的学习策略，但是有些学生对各方面的学习策略知之甚少。第三，学生的思维方式单一。思维方式是指学生如何思考问题，根据教育学理论，思维方式丰富的学生往往更有创造性，所以在学习力发展过程中，思维风格成为一个非常重要的因素。第四，教师的教学风格。教师的教学风格在学生的学习过程中起着非常重要的作用。在大多数课堂上，教师往往直接传授学生知识点，然后操练。学生每天都在操练，教师没有过多关注如何培养学生独立思考的能力和创造性思维，这不利于学生英语学习力的发展。

三、结论与启示

本文通过问卷调查、采访等方式对研究问题进行了认真的调查研究，现将研究结果总结如下：第一，黔南州高中生英语学习力各维度之间呈显著的相关性；第二，影响高中生英语学习力的因素有学生学习兴趣低、学生缺乏有效学习策略、学生的思维方式单一、教师的教学风格固化。同时这些发现对于高中英语教学有很大的启示，如兴趣导入能激发学生学习动力，有助于培养学生的学习策略，有利于培养学生的创造性思维，能为学生提供更多交流的机会及创造"以学生为中心"的课堂等。

参考文献：

[1] Crick R D,Yu G. Assessing Learning Dispositions：Is the Effective Lifelong Learning Inventory Valid and Reliable as a Measurement Tool？[J]. Educational Research,2008,50(4):387-402.

[2] Crick R D,Broadfoot P,Claxton G. Developing an Effective Lifelong Learning Inventory：the ELLI Project[J]. Assessment in Education：Principles,Policy & Practice,2004,11(3):247-272.

黔南州高中生英语
自主学习能力与英语成绩的调查研究

何媛媛[①] 陈 钧[②]

[摘要] 自主学习一直是国内外外语学术界的关注点，随着中学英语课程的改革，学生的英语自主学习愈来愈受到各界关注，已成为中学英语重要的教学目标之一。笔者通过问卷和访谈对黔南州728名高中生英语自主学习与英语成绩的关系进行了调查。笔者采用描述性统计和相关性分析法分析学生的自主学习情况和他们的英语成绩间是否有显著关系，研究结果表明学生的英语成绩与其自主学习情况有显著的相关性。

[关键词] 黔南州 高中生 英语自主学习 英语成绩

一、引言

高中生英语学习成绩与很多因素有关，如英语学习环境、学习焦虑等，而学生的自主学习是其中最重要的因素之一。自20世纪80年代以来，英语学习的自主性一直是国内外外语学术界研究的热点，培养学生自主学习能力是英语课程改革的一个焦点，也是实施素质教育的过程中一个较深层的问题。英语教学应从以教师为中心、单纯传授语言知识和技能的教学模式，向以学生为中心更加注重培养语言运用能力和自主学习能力的教学模式转变。为了取得好成绩或获得高水准的英语，自主学习在学生掌握英语方面扮演着十分重要的角色。

---

① 何媛媛，黔南民族师范学院外国语学院2014级学科教学（英语）教育硕士研究生，研究方向：外语教学。
② 陈钧，黔南民族师范学院外国语学院教授，硕士研究生导师，研究方向：二语习得与外语教学。

二、研究背景

现在越来越要求英语教师培养学生学习策略和发展学生的自主学习能力,这是英语语言学习方式和教学方式的重大转变,也是培养学生终身学习能力的要求。一大批专家及学者从不同视角对自主学习进行了各种解释,国外的学者对自主学习理论也有自己的见解:Dörnyei指出英语自主学习是很重要的,因为它可以帮助学习者提高他们的动机。[1] Parisa也发现,英语成绩和英语自主学习有显著性关系。[2] Dickinson认为自主学习指的是学习者对自己学习上的决定完全负责任的情况,后来又指出自主学习既是一种学习态度,又是一种独立学习的能力。[3] 国内的徐锦芬也提到在中国的环境下,自主学习包括五个部分:了解教师的教学目标及要求、制定学习目标及制订计划、有效的使用策略、监控学习及评估学习过程。[4]

笔者根据前人的研究了解到自主学习是英语语言学习方面的重大变革,对学生来说这是提高他们成绩的重要因素。它是学习英语的一个关键方面,也是一种新境界,是学习者管理自己学习的能力,概括地说就是学习者想学、能学、会学、善学、坚持学。虽然国内外关于英语自主学习的研究有很多,但是在国内针对高中生英语自主学习情况与他们的英语成绩的实证性研究相对较少,但笔者认为方面这十分值得研究,特别是在多元文化背景下的黔南州,生活环境和语言思维模式等各方面与其他各地有所不同,当地学生的英语基础性差、自控能力较弱,而且黔南州的中学英语教师不仅要在英语教学方面想尽各种方法适应学生,还要想方设法提高他们的成绩。所以笔者认为调查黔南州高中生英语自主学习情况及英语自主学习情况与他们的英语成绩间的关系很有必要。

三、研究方法

为了得到好的调查结果,笔者随机调查了黔南州的六所高中的728名高一学生,本文采用问卷分析法用于收集定量数据。笔者设计了一份英语自主学习调查问卷,它是结合Deci、Ryan[5]和Oxford[6]的研究及黔南州高中生学生的特点编制而成。此问卷内容有40条,被分为五大类:制定学习目标、选择和实施策略、监测学习策略使用情况、自我效能感及评估学习。本项调查问卷的效度和信度都已被证明达到0.81。研究工具是收集数据的问卷和半结构化访谈。问卷选项均采用李克特五级量表，从完全符合到完全不符合五个等级，并是以"完全不符合为1""不符合为2""有一点符合为3""符合为4""完全符合为5"的五个等级来表示的。

在此研究中，调查范围较广泛，而且在调查前笔者向受试说明了此次调查的目的和意义，最后笔者共发放了问卷750份，回收了728份有效问卷。笔者使用了SPSS 16.0进行描述性统计，利用皮尔逊相关性分析统计方法对问卷收集的数据进行数据分析，分析学生的自主学习情况和他们的英语成绩间是否有显著性关系。由于问卷存在一些不可避免的局限性，故笔者采用半结构化访谈收集定性数据来完善调查研究，有60名受访者被选中参加访谈，这些问题是根据研究问题和目的而提出的：第一，你喜欢英语吗？第二，你知道自主学习吗？第三，你知道为什么要自主学习吗？每个学生都接受了五分钟的面试，所有的录音都被编码了，研究人员记录了每个学生的答案。在此之后，笔者对文本中的内容进行了总结和写作。本文采用了半结构化访谈的目的是深入了解学生对英语自主学习的理解，这可以帮助笔者找出学生英语自主学习水平不同的具体原因。

四、调查结果

通过定量分析，本文采用描述性和相关性的统计方法对不同层次的728名学生的英语自主学习程度进行了评分，学生自主学习程度总分平均值根据Oxford划分标准，1.00~2.49被归为"低"，2.50~3.49被归为"中"，从3.50~5.00被归为"高"。该方法用于分析学生自主学习的总体水平、类别水平，以下是分析结果。

表1列出了学生英语自主学习情况的总体水平，这是728名高中生英语自主学习的整体水平，其平均值为2.98，表明学生英语自主学习情况处于中等水平。

表1 学生英语自主学习情况的描述性分析

类别	平均值	标准差	水平
英语自主学习情况总体	2.98	0.90	中

从表1可以明显看出学生英语自主学习情况，也就是说黔南州大多数学生还是对英语自主学习方面有所了解，大多数学生也是能掌握英语自主学习方法的。为了更好地了解学生学习自主的状况，本文在以下表格中进一步从

分类层次考察了学生的英语自主学习情况。英语自主学习项目分为五大类：制定学习目标、选择和实施策略、监测学习策略的使用情况、自我效能感及评估学习。

表2显示，学生自主学习英语程度在制定学习目标、选择和实施策略、监测学习策略使用情况、自我效能感、评估学习等五类中，监测学习策略使用情况的平均值是最高的，而评估学习情况的平均值是最低的。这意味着学生监测学习策略使用情况处于中等水平，他们能够较好掌握学习策略及方法，而他们对学习的评估能力则处于较低水平，表明学生只在乎学习过程而没有过多检验自己的学习效果，导致学习成绩不理想，学生的这五项研究水平均处于中等水平，结果不太理想。

表2 学生自主学习英语程度的描述性分析

分类	平均值	标准差	水平
制定学习目标	2.97	0.88	中
选择和实施策略	3.00	0.90	中
监测学习策略使用情况	3.01	0.82	中
自我效能感	2.91	0.86	中
评估学习	2.74	0.91	中

笔者对学生英语自主学习情况与英语成绩的关系进行了相关性分析。相关性系数是两个变量之间关联强度的度量，相关性系数大于0.20、小于0.40是相关性低，相关性系数大于0.41、小于0.70是相关性中等；相关性系数大于0.71、小于0.90是相关性高，相关性系数大于0.90是相关性很高。

从表3可以明显看出学生英语自主学习和英语成绩的结果（相关性系数为0.55），这说明学生英语自主学习与英语成绩之间存在显著的相关性。这也表明学生自主学习的能力对他们的英语成绩确实存在着影响，如果学生能更好地开展自主学习，他们的英语成绩就会提高更多。以下是笔者研究英语成绩与哪些自主学习方法更有相关性。

表3　学生英语自主学习与英语成绩的相关性

类别	相关系数	英语自主学习情况
英语成绩	相关性系数	0.55
	显著性 p 值	0.00
	人数	728

如表4所示，这类别的所有项目与英语成绩均有显著相关。最高的正相关是项目11（对提高英语学习有非常明确的要求，相关性系数为0.48），表明学生心中有明确的学习目标，也知道要去提高英语成绩的好处。而最低的正相关是项目1（除了教师布置的学习任务，对自己的英语学习计划非常明确，相关性系数为0.34），说明学生学习依然是被动的，只是完成教师布置的任务，没有自己的学习计划。

表4　学生制定学习目标与英语水平的相关性

名称	相关系数	项目1	项目7	项目11	项目13	项目18	项目30
英语成绩	相关性系数	0.34**	0.34**	0.48**	0.43**	0.36**	0.35**
	显著性 p 值	0.00	0.00	0.00	0.00	0.00	0.00
	人数	728	728	728	728	728	728

注：** 代表相关性在0.01水平显著。

根据表5所示，学生选择和实施策略与英语成绩之间存在正相关性。最高的正相关是阅读练习中的项目27（能有意识地使用有效阅读策略、如抓住文章的中心句、关键词等），相关性系数为0.49。最低的正相关是项目22（在会话练习中能有意识地使用有效交际策略，如通过手势、表情等克服交际中的语言障碍），相关性系数为0.37。从中我们可以知道学生能够有效使用阅读方法，说明教师在阅读方面能注重教导学生运用适当的方法阅读英语文章，但还是要加强训练。而会话练习却是学生的弱项，学生不能较好用英语表达，不敢与同学或教师用英语表达，易害羞。这就是导致学生在说的方面技能欠缺的原因，需要加强训练。

表5　学生选择和实施策略与英语成绩的相关性

类别	项目2	项目3	项目15	项目22	项目27	项目29
英语成绩	0.37**	0.42**	0.47**	0.37**	0.49**	0.46**

注：** 代表相关性在0.01水平显著。

从表 6 可以得出，学生监测学习策略使用情况与英语成绩之间存在正相关性，最高的正相关是项目 14（在阅读练习中，能有意识地对阅读策略使用情况进行监控），相关性系数为 0.49。最低的正相关是项目 4（英语课前，我会做预习和准备工作，课后，我会复习以便巩固），相关性系数为 0.25。学生在阅读方面掌握较好，能有效使用阅读技巧，但是学生不会自己利用时间预习和复习英语，导致英语基础知识不牢固，考试易丢分。

表 6　学生监测学习策略使用情况与英语成绩的相关性

类别	相关系数	项目 4	项目 8	项目 12	项目 14	项目 16	项目 31	项目 32	项目 34	项目 35	项目 36
英语成绩	相关性系数	0.25*	0.37**	0.478**	0.49**	0.45**	0.41**	0.41**	0.46*	0.36**	0.41*

注：* 代表相关性在 0.05 水平显著，** 代表相关性在 0.01 水平显著。

从表 7 可以看出，学生自我效能感与英语成绩之间均存在正相关性，最高的正相关是项目 23（课堂上，总是能跟上教师的教学进度，相关性系数为 0.52）。最低的正相关是项目 39（在英语学习上取得进步时，我会给自己一个奖励，相关性系数为 0.20）。这表明学生在课堂上能较认真听课，总体能跟上英语教师的节奏，但是不会进行学习评价，导致学生对学习没兴趣，最后甚至产生厌学情绪。

表 7　学生自我效能感与英语成绩的相关性

类别	相关系数	项目 5	项目 23	项目 33	项目 39	项目 40
英语成绩	相关性系数	0.23**	0.52**	0.37**	0.20**	0.51**

注：** 代表相关性在 0.01 水平显著。

从表 8 可以看出，评估学习与英语成绩之间均存在正相关，最高的正相关是项目 24（我在英语课上积极、投入地参与小组讨论或其他小组活动，相关性系数为 0.47）。最低的正相关是项目 6（在课内、课外总是主动寻找各种机会练习英语，如与同学课内、外对话；参加英语角、英语社团活动等，相关性系数为 0.28）。笔者从中可知学生在有教师指导的课堂上能够积极参与英语活动，较好地练习英语。而脱离了教师及课堂，学生便不能积极主动去练习英语，表明学生学习英语的动力较被动、学习面较窄，因此不能提高自身英语成绩。

表8 学生评估学习与英语成绩的相关性

类别	项目6	项目9	项目10	项目17	项目19	项目20	项目21	项目24	项目25	项目26	项目28	项目37	项目38
英语成绩	0.28**	0.36**	0.40**	0.31**	0.45**	0.41**	0.36**	0.47**	0.44**	0.46**	0.41**	0.32**	0.33**

注：** 代表相关性在0.01水平显著。

五、结语

通过以上分析，我们可以得出学生的英语自主学习与他们的英语成绩呈正相关且处于中等水平。学生在英语自主学习情况的五个方面（制定学习目标、选择和实施策略、监测学习策略使用情况、自我效能感、评估学习）与英语成绩也均有显著的相关性。其中监测学习策略使用情况的平均值是最高的，而评估学习情况的平均值是最低的。根据分析统计结果以及通过访谈，笔者可以得到如下几点启示。

第一，教学模式需要改变。传统的教学模式是教师在讲台上说、学生听，所以学生上课注意力不能集中。久而久之，学生成绩就会退步。所以，英语教师在课堂上应该以学生为中心，让学生多参与英语活动激发他们学习的内在动机。当然教师也要根据学生的情况，设计不同的任务，尽可能地为每位学生提供表现机会，让他们形成自主学习的欲望。

第二，笔者在访谈中了解到学生认为英语教师应教导学生掌握自主学习的方法及教师要关注学生的差异，促进自主学习的个性发展。自主学习是学生个性发展的必然选择。教师可以倡导合作学习，针对学生的情况分为好中及后进生搭配学习。另外也要让学生有时间、有机会去选择、去体验、去感受。高度关注学生的个体差异、因材施教，帮助学生优化自己的学习过程，让他们更好地进行自主学习，以此提高他们的英语成绩。

第三，学生评估学习情况的相关性是最低的，应该在这方面加强科学评价，促进自主性学习。教师可以采用自评、小组评价、教师评价及家长评价等方式对学生的学习情况进行了解，通过评价学生可以知道自己的学习情况并加以改进。从调查问卷和访谈来看，学生并不能很好评价自己的学习结果，如说过或写过英语后，学生不能进行自我评价或者打分，或者是评价自己的学习方法，学生也不能以此找出自身学习过程中存在的问题和解决的办法。因此，教师要有意识地培养学生进行自我评价，以促进英语的自主学习从而提高他们的英语成绩。

参考文献：

[1] Dörnyei Z. Motivation in Second and Foreign Language Learning[J]. Language Teaching, 1998,31(3):117−135.

[2] Mohamadpour P. Realization of Autonomy and English Language Proficiency among Iranian High School Students[J]. Theory and Practice in Language Studies,2013,3(7):1187−1193.

[3] Dickinson L. Autonomy and motivation: A Literature Review[J]. System,1995,23(2):165−174.

[4] 徐锦芬，占小海. 国内外"学习者自主"研究述评 [J]. 外语界，2004 (4)：2−9.

[5] Ryan R M, Deci E L. Self-Determination Theory and the Facilitation of Intrinsic Motivation,Social Development,and Well-Being[J]. American Psychologist,2000,55(1):68−78.

[6] Oxford R, Crookall D, Cohen A, et al. Strategy Training for Language Learners: Six Situational Case Studies and a Training Model[J]. Foreign Language Annuals,1990,22(3):197−216.

水族高中生和汉族高中生
英语反思性学习能力差异调查研究

杨文兰[①]　陈　钧[②]

[摘要] 本文以定量和定性相结合的方法，以 Kember 和包静的问卷为基础设计适合高中生使用的问卷，以三都县两所高中学校学生为研究对象，分析水族高中生和汉族高中生英语反思性学习能力是否存在差异，并对国内外关于英语学习反思的文献进行统计分析。结果表明：三都县水族高中生在英语反思性学习能力上存在显著性差异，无论从总体上还是从各维度看，水族学生英语反思性学习能力均高于汉族学生。本文试图针对调查结果提出一些有效提高高中生英语反思性学习能力的建议。

[关键词] 反思性学习　汉族高中生　水族高中生

一、引言

自 20 世纪 80 年代以来，反思教学法在西方发达国家的教育领域兴起，它不仅可以帮助教师改善教学效果，还能促进教师自身发展。反思可以看作有意识地思考和分析已经做了或正在做什么，也是回忆以往经验的一个情感认知过程。因此，反思可以对以往活动的有效性进行验证，并且可以对知识产生新的更有效的理解。英语反思性学习的定义是学习者开发学习目标，并试图找出能对他们的英语学习过程和结果进行反思的方法。反思性学习能力是指对自己的学习行为有一定的评价能力、解决问题的能力。随着中小学课程改革的不断进

---

① 杨文兰，黔南民族师范学院外国语学院 2016 级学科教学（英语）教育硕士研究生，研究方向：外语教学。
② 陈钧，黔南民族师范学院外国语学院教授，硕士研究生导师，研究方向：二语习得与外语教学。

步,国内外学者及专家对反思性教学的关注逐渐提升。目前,反思性教学的基本内涵、模式及其影响已有许多学者进行研究,但这些研究更多关注的是教师对自身教学的反思,忽视了学生这一教学活动主体的重要性。教学活动包含教师和学生这两大主体,二者在教学活动中处于同等重要的地位,因此,在关注教师的反思性教学的同时,也不能忽略培养学生反思性学习习惯。本文以高中生为主体,旨在研究学生英语反思性学习能力情况,进而提出一些具有针对性的教学建议。

二、研究设计

(一)研究问题

第一,高中生英语反思性学习能力现状如何?第二,水族高中生和汉族高中英语反思性学习能力是否存在差异?

(二)研究对象

本次调查研究以三都水族自治县第二中学和民族中学高二学生作为研究对象,共12个班级,648名学生。本文的研究以问卷调查为研究工具,其中问卷调查包含两部分:第一部分是被采访者的个人基本信息,包含初一期末考试成绩;第二部分是关于英语反思性学习的40个定量问题。

(三)研究工具

本文的研究以Kember[1]和包静[2]的调查问卷为基础,根据实际情况修改成新的一份问卷。问卷共40道问题,采用李克特五级量表,研究问题涉及英语反思过程(问题21、29、30、39、40、34、35、36、14)、批判性反思(问题13、27、25、33、9、11、38)、反思意识(问题28、26、10、3、7、12、20)、英语学习目标反思(问题32、24、31、2、22)、反思习惯(问题18、17、19、8、4、23、5)和对英语反思的理解(题问16、15、1、6、37)六部分。

英语反思性学习能力调查问卷分为五级:"完全不符合""不太符合""不确定""基本符合""完全符合"。根据Oxford的划分标准,高中生英语反思性学习能力可以分为以下三类:平均值1.00~2.49为低水平,平均值2.50~3.49为中等水平,平均值3.50~5.00为高水平。

三、结果

（一）高中生英语反思性学习能力现状分析

描述性分析结果显示（见表1），三都县高中生英语反思平均值为3.04，由此得出结论，高中生英语反思性学习能力处于中等水平。

表1 高中生英语反思性学习能力总体现状

类别	人数	平均值	标准差	水平
反思性学习能力总体	648	3.04	0.74	中等

表2数据显示，高中生对英语反思的理解处于高等水平，英语反思过程、批判性反思、反思意识、英语学习目标反思和反思习惯均处于中等水平。由此看来，高中生对英语反思的理解还是比较好的，但是其他方面还只是处于中等水平。

表2 高中生英语反思性学习能力各维度现状

英语反思	平均值	标准差	水平
英语反思过程	3.02	0.92	中等
批判性反思	3.01	0.94	中等
反思意识	2.91	0.94	中等
英语学习目标反思	2.80	0.95	中等
反思习惯	2.83	0.89	中等
对英语反思的理解	3.66	0.82	高等

（二）水族高中生和汉族高中生英语反思性学习能力对比分析

由表3数据可知，从总体上看，水族高中生英语反思性学习能力与汉族高中生英语反思性学习能力存在显著性差异。水族高中生英语反思能力的平均值高于汉族高中生英语反思能力的平均值，这说明水族高中生英语反思性学习能力高于汉族高中生英语反思性学习能力。

表 3　水族高中生和汉族高中生英语反思性学习能力差异

变量		人数	平均值	标准差	t 值	显著性 p 值	差异类型
分组	汉族	148	2.74	0.74	0.50	0.00	水>汉
	水族	500	3.04	0.74			

表 4 数据可知，水族高中生英语反思性学习能力与汉族高中生英语反思性学习能力在各个维度上存在显著性差异。通过平均值比较可知，水族高中生英语反思性学习能力均高于汉族高中生英语反思性学习能力。

表 4　水族高中生和汉族高中生英语反思性学习能力各维度差异

类别	分组	人数	平均值	标准差	t 值	显著性 p 值	差异类型
英语反思过程	汉	148	2.54	1.01	2.96	0.00	水>汉
	水	500	2.80	0.95			
批判性反思	汉	148	2.53	0.91	4.34	0.00	水>汉
	水	500	2.91	0.94			
反思意识	汉	148	3.39	0.78	3.63	0.00	水>汉
	水	500	3.66	0.82			
英语学习目标反思	汉	148	2.55	0.94	4.48	0.00	水>汉
	水	500	2.83	0.89			
反思习惯	汉	148	2.62	0.94	2.48	0.00	水>汉
	水	500	3.01	0.93			
对英语反思的理解	汉	148	2.74	0.74	4.34	0.01	水>汉
	水	500	3.04	0.74			

四、讨论

（一）高中生英语反思性学习能力现状

学生的英语反思性学习能力总体平均值处于中等水平，"对英语反思性学习的理解"平均值处于高水平，其他五个因素均处于中等水平，说明高中生的反思性学习能力不高，可能有几个原因。

1. 学生英语学习动机不高

在英语反思性学习能力调查问卷中，笔者设计了一个问题"你喜欢英语吗",学生应该选择"是"或"不是"的答案。648名学生中只有220人选择了"是",其他人选择了"不是"。众所周知,兴趣是最好的老师。Crookes 和 Schmidt 提出兴趣是指学生的欲望(内在动机)。[3]练婕提出只有激发学生的学习兴趣,才能通过适当的方法提高学生的学习能力。[4]在与学生交谈后,笔者得知大多数学生只会对他们感兴趣的科目进行反思。

外语学习动机是指语言学习者学习的欲望或冲动,它是指个体开始和维持行为的一种心理状态,即学生的学习动机会受主观意识的影响,兴趣会受学生主观意识的影响。Gardner 提出动机理论,融合型动机主要指对目的语文化感兴趣,并希望通过学习这种语言而对其文化产生兴趣。因此,学生对英语感兴趣会影响他们的英语反思能力。

2. 学生缺乏反思性学习策略

策略是指我们用来解决问题的一种特殊工具。在本文这一结果与吴满凤、喻晖等人的结论相似,即学生具有良好的反思意识,但在反思和反思策略方面仍存在明显不足。[5][6]虽然研究结果显示,学生"对英语反思性学习的理解"这一因素处于较高的水平,但并不知道英语反思性学习的深层含义和重要性。除了解英语反思性学习的作用外,其他五个维度均处于中等水平,所以,学生在其他方面表现不佳。

3. 学生缺乏学习自主性

学生的自主性也可以解释为对自己的学习负责的能力。根据 Benoliel 的研究,学习在很大程度上受行为的影响,这是自我发现和自我适应的过程。[7]这种学习不能直接与他人交流。它是指一个人将知识和技能融入其自我意识中,并努力处理思想上的冲突和观点上的分歧。自主学习是一种对自己的学习负责的能力。自学本身不是一种自然的行为,而是通过学习来学习的能力。在这个过程中,学生首先要确立学习目标,选择合适的学习策略,评价学习效果。在英语学习目标的制定等方面,很多学生除完成布置的作业外,只是听从教师的指示,没有学习计划。学生对学习策略的使用具有不同程度的战略意识,自我监控与评估能力较弱。自我评价不仅是对结果的评价,也是对完成语言任务过程中预先制订的学习计划、学习风格和学习策略的评价。

4. 学生缺乏英语反思现象学习能力的培养

对英语反思性学习的理解在学生的英语反思中起着重要的作用,如果学生对反思有了清晰的认识,并且知道它对学习的影响,那么学生就更愿意在英语学习中进行反思并从中学习。对教师和学生的访谈结果显示,三都县高中教师主要注重单词、短语、句子和语法的讲解，而不是对学生的口语表达能力的培养。教师们也提到一堂课只有45分钟，有时他们不得不利用休息时间完成教学任务，因此，没有多余的时间培养学生的反思能力，导致缺乏对学生英语反思性学习能力的培养。

建构主义学习理论认为学习不是教师将知识传递给学生的过程，而学生自己建构知识意义的过程。学生在已有知识的基础上，积极处理新信息，将原有经验与新信息相结合，构建自己的学习体系。反思性学习还要求学生在自己的英语学习活动中进行反思和分析。它从各个方面告诉我们培养学生反思性学习能力的重要性。

5. 学生没有时间进行反思

笔者调查了部分学生，得到了一些信息以解释为什么学生不能反思英语学习。首先，要考虑实际情况，学生每天需要做很多作业，学生的大部分时间都被大量的家庭作业占据了。其次，学生的课间休息时间和体育课总是被文化课教师占据。这些原因可以解释为什么高中生没有时间进行英语反思性学习。

（二）水族与汉族高中生英语反思性学习能力存在差异的原因

汉族和水族学生的外语能力在整体水平和类别水平上存在显著差异。数据表明水族学生的英语反思性学习能力在总体和类别水平上显著高于汉族学生，造成这种差异的原因可能有以下几个方面。

1. 语言迁移

学生很容易受到母语的影响。少数民族地区有自己的语言，因此大多数少数民族地区的学生都会说自己民族的语言，这可能会影响他们的英语学习。[8]水语作为三都县的母语对学生的英语学习有着深刻的影响，水语与英语相似，因此学生可以更好地学习英语。常迪和邓越提出水语与英语非常相似的观点。[9]

2. 汉族学生与水族学生的英语水平存在差异

学生的英语水平对学生的英语反思性学习能力有显著的影响。基于这些情况，笔者计算了水族学生和汉族学生英语水平的平均值，汉族学生英语水平平均值为50.01，水族学生英语水平平均值为61.49。可见，水族学生的英语水平明显高于汉族学生的英语水平。由此笔者可以得出结论，学生的英语反思性学习能力也会影响他们的英语水平。综上所述，学生的英语水平和他们的英语反思性学习能力之间是相互影响的。

3. 不同的语言学习过渡体验

语言学习是一个长期的过程，它离不开学习者的学习经验。水族学生的语言学习经验比汉族学生丰富。水语是水族学生的母语，汉语是第二语言，英语是外语。所以，他们在学习英语之前需要先学习汉语。水族学生在学习汉语的过程中积累了丰富的语言学习经验，形成了适合自己的语言学习风格。

五、教学启示

高中生英语反思性学习能力处于中等水平，反思是学生英语学习的重要组成部分。因此，在研究结果的基础上，笔者提出了一些提高学生英语能力的建议。

（一）制订学习计划

制订学习计划也是一种学习策略。学习计划是指学生在一定的时间内科学地安排和完成一定的学习任务，完成任何事情都需要一个计划。做一个学习计划有以下要求：首先，这个计划应该有一个明确的目的；其次，计划应该根据学生的实际特点；最后，合理分配学习时间。学生可以通过学习计划来反思自己的学习，找到合适的方法，掌握学习策略。

（二）写反思日记

学习日志是用来记录学生每天所做的、所看到的、所听到的、所想到的。日记写作可以让学生重新审视过去、现在和未来的经历以提高自己。日记在学生英语反思性学习中起着重要的作用。学生应该选择适合自己的格式，并决定多久写一次反思日记。它允许学生在学习过程中自由表达自己的感受和意见。它也为学生提供了一个机会，让他们在英语学习中积累经验。

（三）培养学生的英语学习兴趣

通过分析笔者可以得出结论，大部分水族学生对英语不感兴趣。学生往往会关心和专注于他们感兴趣的事情。培养学生的英语学习兴趣要先培养学生的学习动机，而教师在学生内在动机的培养中起着重要的作用，教师在课上和课后都应该表扬和奖励学生，学生才更有可能对英语学习感兴趣。

（四）与他人交流

在学习英语的过程中与他人的合作与交流是提高英语学习能力的一种学习策略。在互动过程中，学生需要反思自己的学习经验。他们可以在互动中发现自己的长处，也可以发现并改正自己的不足。通过交流与合作，学生可以向那些表现优异的学生学习，这将激励他们努力学习，并激发他们的学习兴趣。

总之，教师和学生都应该深刻理解反思的意义，理解反思对英语教学和英语学习的重要性。教师应重视这一范围，在教学过程中培养学生的英语反思习惯。

参考文献：

[1] Kember D,Leung D Y P,Jones A,et al. Development of a Questionnaire to Measure the Level of Reflective Thinking[J]. Assessment & Evaluation in Higher Education,2000,25(4):381－395.

[2] 包静. 高中生英语反思性学习现状的调查及研究[D]. 桂林：广西师范大学，2015.

[3] Crookes G, Schmidt R W. Motivation: Reopening the Research Agenda[J]. Language Learning,1991,41(4):469－512.

[4] 练婕. 激发英语学习兴趣 提升英语运用能力[J]. 小学生，2017（8）：48.

[5] 吴满凤. 中学生反思性学习能力调查问卷分析报告——以江西省崇仁县为例[J]. 教师博览（科研版），2016（11）：80－81.

[6] 喻晖，徐锦芬. 培养大学生反思性英语学习能力的实证研究[J]. 外语研究，2007（6）：54－58.

[7] Benoliel J Q. Some Reflections on Learning and Teaching[J]. Journal of Nursing Education,1988,27(8):340－341.

[8] Munro M J, Derwing T M. Foreign Accent, Comprehensibility and Intelligibility in the Speech of Second Language Learners[J]. Language Learning,1999,45(1):73－97.

[9] 常迪，邓越. 英语、现代汉语和水语的思维系列比较[J]. 科技展望，2017，27（8）：205.

初中生英语思辨能力与
英语学业水平的关系研究

王　麟[①]　陈　钧[②]

[摘要] 本文旨在探究初中生的英语思辨能力的现状及其与英语学业水平的关系。通过采用方便抽样对 207 名初中生开展问卷调查与半结构化访谈。笔者得出以下结论：第一，初中生思辨能力整体较弱；第二，初中生批判性思维倾向在分析性、系统性、自信心、求知欲、认知成熟度等维度上与英语学业水平呈显著负相关，而在求真、开放思想等维度上没有显著相关性；第三，初中生批判性思维技能在各个维度上都与英语学业水平呈显著的正相关。

[关键词] 初中生　思辨能力　英语学业水平　关系研究

一、引言

21 世纪后信息技术飞速发展，英语课堂教学中需要培养英语学科核心素养，即语言能力、文化意识、思维品质和学习能力。思维品质则要求学生能够辨析语言和文化中具体的现象，通过梳理、归纳信息，建构出新的概念；通过分析、推断信息的逻辑关系，评判各种思想、观点，能够创造性地表达自己的观点，具备多元思维意识和创新思维能力。学生要具备上述思维品质，思辨能力（Critical Thinking）则是其中一个关键因素。同时，孙有中提出外语教育必须超越"基本功+百科知识"的教育模式，在思辨能力上有所突破。[1] 但长久以来，大部分学生已然适应了以教师为中心的教学模式，很少积极地提出自

---

① 王麟，黔南民族师范学院外国语学院 2018 级学科教学（英语）教育硕士研究生，研究方向：外语教学。
② 陈钧，黔南民族师范学院外国语学院教授，硕士研究生导师，研究方向：二语习得与外语教学。

己的观点或质疑；教师以传授知识为主，忽视了对学生思维能力的培养，使学生欠缺思辨能力和创新能力。[2]因此，本文探究初中生的英语思辨能力，以期为英语教师培养学生的思维品质提供数据参考。

二、国内外思辨能力的研究综述

自20世纪90年代以来，国内外学者对于思辨能力的内涵及应用进行了热烈的探讨，从不同的角度论述了对思辨能力的理解，逐渐形成了多个理论模型并存的格局。本文分别从思辨能力的界定、思辨能力量具的构建、对前人思辨能力的研究进行综述，并在此基础上论述研究的目的及意义。

（一）思辨能力的界定

思辨能力是一种抽象的、高级的思维活动。早期人们把"Critical Thinking"译为"批判性思维能力"，但文秋芳指出该译文歪曲了原意，会误导对其的理解，"Critical Thinking"的目的应该是提高与改进自己思维能力，系统地分析与评价自己的思维。[3]

国内学者文秋芳等人在"双维结构模型"和"三原结构模型"的基础上，提出了层级模型。[3][4]层级模型把思辨能力划分为元思辨能力和思辨能力两个层次。

（二）思辨能力量具的构建

20世纪80年代，国外研究者开始着手思辨能力量具的构建。目前为止，比较权威的量具包括加利福尼亚思辨倾向问卷（CCTDI）、加利福尼亚思辨技能测量量表（CCTST）、华生－格来泽思辨评估（WGCTA）、康奈儿思辨测验：Z水平（Cornell CTT：Level Z）、剑桥思维能力评测（CTSA）、国际思辨能力评测中心思辨短文测试（ICAT－CTET）、恩尼斯－韦尔思辨作文测验（EWCTET）。其中，最有影响力的是加利福尼亚思辨倾向问卷和加利福尼亚思辨技能测量量表，这些量具都是经过大规模的信度和效度的检验。[4]为适应我国的国情需要，研究者将原版的加利福尼亚思辨倾向问卷和加利福尼亚思辨技能测量量表译为中文。同时，中文版的加利福尼亚思辨倾向问卷[5]和加利福尼亚思辨技能测量量表[6]也有较好的信度及效度。相比之下，国内在思辨能力量具构建方面处于相对落后的状态，对于思辨量具的构建及信度效度检测则少有学者进行研究。[7]鉴于此，文秋芳等人以大学生为被试，构建了思辨技能量具，研究结果表明此量表具有较好的信度及效度。[8][9]

（三）思辨能力的研究

笔者阅读了思辨能力相关文献后发现，涉及思辨能力的研究主要有理论类研究和实证类研究，且就研究方法而言，"理论思辨多于实证研究"[10]。理论探索型则包括对评判性思维能力的分项技能研究、量具构建，实践研究型则是把评判性思维能力的培养与教学相结合。[11]

许多研究者在理论研究方面做出了探索。例如，文秋芳曾讨论过思辨能力的定义、层级理论模型[3]，多位研究者共同提出了我国外语类大学生思辨能力量具的理论框架[12]，孙有中也曾在文中提出了思辨能力的构成、思辨能力的培养[13]。

理论探索之后，不少研究者对思辨能力进行了实证研究。但研究对象多涉及大学生，尤其是英语专业学生，如文秋芳和刘润清以某大学英语专业四个年级120篇命题作文为对象，采用质化分析法探究英语专业学生抽象思维特点[14]；文秋芳以11所高校14个专业2318名大学生为样本，对比了英语专业学生与其他文科类学生总体思辨水平；[8]李莉文通过对英语专业二年级学生英语议论文的批阅，发现学生缺乏读者意识、逻辑思维能力弱，于是开展以培养读者意识和思辨能力为写作目的的写作教学行动研究[15]；陈晓丹以95名英语班的学生为对象，将问题导向式教学模式与大学英语精读课结合起来，检验此模式与促进学生的思辨能力和二语习得能力的关系。[16]

由此可见，尽管国内外语界意识到了思辨能力的重要性，但对于思辨能力的研究，多数只涉及大学生，而以中学生为研究对象的研究则相对较少。笔者以"初中英语+思辨能力+成绩"为关键词在CNKI上进行搜索，无相关方面的论文。这就意味着，初中阶段英语思辨能力的相关性研究有待更多实证研究加以探讨。

三、研究设计

（一）研究问题

本文旨在调查初中生英语思辨能力的现状，探讨初中生的思辨能力与英语学业水平的相关性。研究问题主要有：第一，初中生的思辨能力现状如何？第二，初中生的思辨能力与英语成绩是否有相关性？

（二）研究对象

本文运用方便抽样法在都匀市城区两所中学的八年级各抽取了两个班级，共有 207 人作为调查对象。2019 年 5 月由笔者及任课教师在其课堂发放问卷，学生在课堂上填写完问卷后当场收回，剔除 33 份无效问卷，笔者最终获得 174 份有效问卷，有效回收率为 84.06%。在有效样本中，女生有 92 人，占 52.87%；男生有 82 人，占 47.13%。

（三）研究工具

为了较全面真实地反映初中生英语思辨能力的现状，笔者兼用定量与定性两种研究方法，通过问卷调查和半结构化访谈的形式开展研究。

1. 初中生批判性思维倾向量表

思辨能力批判性思维倾向的问卷是基于加利福尼亚思辨倾向问卷中文版改编而成的。该问卷共有两个部分：第一部分为受试的基本信息；第二部分为测量思维倾向的 35 个选项，涵盖了 7 个方面，分别是追求真理（1~5）、开放思想（6~10）、分析性（11~15）、系统性（16~20）、自信心（21~25）、求知欲（26~30）和认知成熟度（31~35）。

问卷采用了李克特六级量表，选项有从"非常不赞同（1 分）"到"非常赞同（6 分）"，采用正向计分方式，问卷总分为 35~210 分。总分低于 140 分表明受试的批判性思维倾向较弱，总分在 140~174 分表明批判性思维倾向处于中等水平，总分在 175~210 表明批判性思维倾向较强。每个维度的总分为 5~30 分，高等水平者为 25 分以上，中等水平者为 20~25 分，低水平者为 20 分以下。

2. 初中生批判性思维技能量表

思辨能力批判性思维技能的问卷是基于加利福尼亚思辨技能测量量表中文版并结合相关文献改编而成的，共 36 个选项，涉及思维技能的六个方面，包括解释能力（1~6）、分析能力（7~12）、评估能力（13~18）、推断能力（19~24）、说明能力（25~30）、自我管理能力（31~36）。问卷采用了李克特五级量表，选项从"完全不符合（1 分）"到"完全符合（5 分）"。

在以 50 名初二学生为对象的试测中，初中生批判性思维倾向量表和初中生批判性思维技能量表的信度系数分别为 0.74（实测信度系数为 0.88）和 0.93。

3. 英语学业水平

本文采用的英语学业水平的依据是"都匀市 2018—2019 学年度上学期初二期末统考卷"的成绩，由笔者直接在任课教师处获取。

4. 访谈

根据问卷调查结果，笔者从参与调查的学生当中随机抽取了六名学生作为访谈对象。访谈内容主要围绕对思辨能力的理解及如何运用批判性思维技能处理英语学科的知识展开。

（四）数据分析工具

本文的研究使用 SPSS 16.0 软件对数据进行统计，首先用描述性统计方法了解思辨能力的现状，其次对思辨能力和英语学业水平做了相关分析。定性研究是在定量研究的基础上，通过访谈内容提取重要信息对定量研究的结果进行补充说明。

四、研究结果与讨论

本文主要分析初中生英语思辨能力的现状，探讨初中生的思辨能力与英语学业水平的相关性。

（一）初中生思辨能力的现状

为了回答第一个问题（初中生的思辨能力现状），笔者对思辨能力的两个方面即批判性思维倾向与批判性思维技能进行了描述性统计分析。

1. 初中生批判性思维倾向的现状分析

表1显示的是初中生批判性思维倾向的总体和各个维度的情况，从表1可以看出，从整体来看，初中生批判性思维倾向的平均值为102.57分，处于总分低于140分的现状；各个维度平均值在12.36～16.25，低于20分，说明初中生批判性思维倾向较弱，从各个维度上看，学生的分析性和求知欲的倾向较弱，这可能与初中生思维发展的特点相关。初中生处于逻辑思维的萌芽阶段，缺乏正确分析问题的能力，同时，由于初中课业的负担，学生缺乏对新事物和新知识的探索。

表 1　初中生批判性思维倾向的描述性统计分析结果

批判性思维倾向	平均值	标准差
总体	102.57	20.61
认知成熟度	16.25	3.97
追求真理	15.93	3.60
自信心	15.80	4.57
开放思想	14.88	3.93
系统性	14.68	4.26
求知欲	12.65	4.66
分析性	12.36	3.96

2. 初中生批判性思维技能的现状分析

表 2 显示的是初中生批判性思维技能的描述性统计分析结果的具体情况，据此可以反映初中生运用批判性思维技能的整体情况。从整体来看，批判性思维技能七个维度的平均值分布在 2.91~3.70，总体平均值为 3.31，说明初中生在运用批判性思维技能解决问题方面处于中等水平。初中生的评估能力相对较弱，这可能是由于初中生的逻辑思维能力较差，缺乏深入思考和判断能力。同时，这也说明在教学过程当中，教师对学生评价事物的技能培养较少。

表 2　初中生批判性思维技能的描述性统计分析结果

批判性思维技能	平均值	标准差
总体	3.31	0.58
推断	3.70	0.68
解释	3.41	0.67
分析	3.37	0.77
自我管理	3.32	0.83
说明	3.17	0.64
评估	2.91	0.75

（二）初中生思辨能力与英语学业水平的相关性分析

为了回答初中生的思辨能力与其英语成绩的相关性，笔者对思辨能力的两个方面,即批判性思维倾向、批判性思维技能与英语学业水平做了相关性分析。

1. 初中生批判性思维倾向与英语学业水平的相关性分析

从表3数据中可以看出,英语学业水平与初中生批判性思维倾向中分析性、系统性、自信心、求知欲、认知成熟度都具相关性且呈负相关。而追求真理、开放思想则与学习成绩没有相关性。此结果表明,初中生的学业水平越高,分析性、系统性、自信心、求知欲、认知成熟度等倾向就越低。

表3 初中生批判性思维倾向与英语学业水平之间的相关性

类别	分析性	求知欲	认知成熟度	自信心	系统性	追求真理	开放思想
英语学业水平（相关性）	−0.26**	−0.24**	−0.20**	−0.18*	−0.17*	−0.14	−0.14
显著性 p 值	0.00	0.00	0.01	0.02	0.02	0.07	0.07

注:* 代表相关性在0.05水平显著,** 代表相关性在0.01水平显著。

2. 初中生批判性思维技能与英语学业水平的相关性分析

从表4可以看出,英语学业水平与初中生批判性思维技能中各个维度,即解释能力、分析能力、评估能力、推断能力、说明能力和自我管理能力都具有显著的相关性（显著性 p 值为0.00）。其中,英语学业水平与分析能力、说明能力呈强相关英语学业水平（相关性）为0.62,大于0.50；英语学业水平（相关性）为0.51,大于0.50。在访谈中,大部分学生认为"批判性思维技能和英语成绩有关系",究其原因,是因为批判性思维技能"让我们客观地分析问题,在英语做题的时候可以去分析一下","建立一些经验让我改正,然后提高英语成绩"。

表4 初中生批判性思维技能与英语学业水平之间的相关性

类别	分析	说明	解释	推断	自我管理	评估
英语学业水平（相关性）	0.62**	0.51**	0.49**	0.44**	0.37**	0.32**

注:** 代表相关性在0.01水平显著。

五、结论与建议

本文通过探究初中生的英语思辨能力的现状及与英语学业水平的关系得出以下结论。

第一，初中生思辨能力整体较弱，表明学生还未形成良好的批判性思维。这与蒋小溪的结论相似。[17]这主要是因为初中生尚处在逻辑思维发展的初始阶段，对事物的认识不够深刻，且在家庭教育中，大部分父母对他们的提问往往缺乏耐心，在学校教育中，部分教师主要关注提高学生的卷面成绩，对于学生思维方面的培养缺乏关注。

第二，初中生批判性思维倾向于分析性、系统性、自信心、求知欲、认知成熟度等维度上，与英语学业水平呈显著负相关，而在追求真理、开放思想等维度上没有显著相关性。这可能是因为英语学业水平的数据来自期末统考成绩，更倾向英语知识点的掌握，忽略了批判性思维的测试。在某种程度上，批判性思维倾向不能预测英语学业水平的高低。

第三，初中生批判性思维技能在各个维度上都与英语学业水平呈显著的正相关。这说明批判性思维技能可以预测英语成绩的高低，也就是说批判性思维技能掌握得越好，英语成绩就越高。

思维品质是英语学科核心素养的核心。基于研究结果的阐释，本文对初中英语课堂教学提出以下建议。

第一，教学方式应由"以教师为中心"转为"以学生为中心"。教师应转变身份为"引导者"，创设情境，让学生以合作学习的方式完成任务，鼓励学生大胆说出自己的想法，培养学生探究、质疑、分析、评价、总结等多方面的能力。

第二，教师应引导学生对比不同文化的差异。在课堂教学中，教师的任务不只是传授知识，而是让学生通过英语的学习，了解不同国家的文化、习俗，并在此基础上进行文化差异的对比，以此培养学生的思辨能力，提高学生对我国文化的认同。同时，了解不同国家文化的差异对于提高英语阅读成绩有着很大的裨益。

第三，教师应多鼓励学生进行反思，包括课后反思、考后反思。反思有助于学生加深对自己英语学习现状的了解，通过反思培养学生有意识地监控自己认知活动中所运用的认知技能，以询问、证实或纠正自己的推断过程或结果，这实际上是"自我调整"的体现。[18]

六、结语

本文通过分析思辨能力的现状及与英语学业水平的相关性，发现初中生总体思辨能力较弱。思辨能力作为思维品质的关键因素，初中英语教师应在教学中加强教学手段，改善教学方式以提高学生思辨能力的总体水平。初中生应充分意识到思辨能力的重要性，在学习中做到有意识地进行质疑、分析、评价、反思，以促进自己思辨能力的发展。

参考文献：

[1] 孙有中. 外语教育与思辨能力培养 [J]. 中国外语，2015，12（2）：1+23.

[2] 张卫东，陈燕华.《高级英语听说》模块教学中学生思辨能力的培养 [J]. 鄂州大学学报，2017，24（1）：90—92.

[3] 文秋芳. 论外语专业研究生高层次思维能力的培养 [J]. 学位与研究生教育，2008（10）：29—34.

[4] 王建卿，文秋芳. 国外思维能力量具评介及启示——我国外语类大学生思维能力现状研究报告 [J]. 江苏技术师范学院学报，2011，17（7）：38—42+77.

[5] 罗清旭，杨鑫辉.《加利福尼亚批判性思维倾向问卷》中文版的初步修订 [J]. 心理发展与教育，2001（3）：47—51.

[6] 罗清旭，杨鑫辉.《加利福尼亚批判性思维技能测验》的初步修订 [J]. 心理科学，2002，25（6）：740—741.

[7] 梁凤娟. 本科高校英语专业大学生思辨能力发展调查 [J]. 外国语文研究，2017，3（5）：94—102.

[8] 文秋芳，王海妹，王建卿，等. 我国英语类专业与其他文科类大学生思辨能力的对比研究 [J]. 外语教学与研究（外国语文双月刊），2010，42（5）：350—355.

[9] 文秋芳，赵彩然，刘艳萍，等. 我国外语类大学生思辨能力客观性量具构建的先导研究 [J]. 外语教学，2010，31（1）：55—63.

[10] 于金明. 国内英语专业学生思辨能力研究综述 [J]. 西华大学学报（哲学社会科学版），2017，36（4）：92—97.

[11] 沈金婷，袁平华. 基于CNKI近十年国内英语学习者批判性思维能力研究综述 [J]. 江西教育学院学报（社会科学），2014，35（1）：100—103.

[12] 文秋芳，王建卿，赵彩然，等. 构建我国外语类大学生思辨能力量具的理论框架 [J]. 外语界，2009（1）：37—43.

[13] 孙有中. 突出思辨能力培养，将英语专业教学改革引向深入 [J]. 中国外语，2011，8（3）：49—58.

[14] 文秋芳，刘润清. 从英语议论文分析大学生抽象思维特点 [J]. 外国语，2006（2）：49—58.

[15] 李莉文. 英语写作中的读者意识与思辨能力培养——基于教学行动研究的探讨 [J]. 中国外语，2011，8（3）：66—73.

[16] 陈晓丹. PBL 教学模式对非英语专业学生批判性思维能力影响的实证研究 [J]. 解放军外国语学院学报，2013，36（4）：68－72＋88.

[17] 蒋小溪. 高中英语课堂中学生批判性思维能力的调查研究 [D]. 锦州：渤海大学，2016.

[18] 林晓，何莲珍. 论大学英语课堂中的思辨能力培养 [J]. 西安外国语大学学报，2017，25（1）：61－66.

初中生思辨能力倾向对英语成绩的影响研究

陈明明[①]　陈　钧[②]

[摘要] 本文以 CTDI-CV 量表为研究工具，采用方便抽样法对都匀市两所中学的初二学生进行调查。首先，对初中生的思辨能力倾向现状进行描述性统计分析；其次，运用相关分析对初中生的思辨能力倾向与英语成绩的相关性进行分析；最后，利用半结构访谈对影响初中生思辨能力倾向的因素进行讨论，对初中生英语学习中的思辨能力改善提出建议。

[关键词] 初中生　思辨能力　英语成绩

一、引言

批判性思维（Critical Thinking）起源于 20 世纪 40 年代的美国，到 20 世纪 80 年代趋于成熟。批判性思维的定义至今没有完全一致的看法，但较权威的观点是以西方学者 Facione 为代表的德尔菲报告中所下定义：批判性思维是有目的的、自我校准的判断，这种判断表现为解释、分析、评价、推断以及对判断赖以存在的论据、概念、方法、标准或语境的说明。[1]

我国外语界于 20 世纪末开始关注批判性思维研究。在西方 Critical Thinking Skills 这一术语被广泛使用，在国内被译成"批判性思维能力"。该译文歪曲了原义，后经反复讨论，将"批判性思维能力"译为"思辨能力"。[2]因此，本文以思辨能力代替批判性思维的译法，主要描述部分均使用思辨能力，但涉及前人研究文献引用时依然保留批判性思维的说法。

[①] 陈明明，黔南民族师范学院外国语学院 2018 级学科教学（英语）教育硕士研究生，研究方向：外语教学。

[②] 陈钧，黔南民族师范学院外国语学院教授，硕士研究生导师，研究方向：二语习得与外语教学。

思辨能力是创新的前提，是思维能力的重要组成部分，是社会发展和人类前进的主要动力。[3]目前对高中生的批判性思维能力做了明确的要求：高中英语教学应该着重培养学生用英语分析问题和解决问题的能力以及批判性思维能力。尽管初中英语课标未明确提出批判性思维的培养，但在学习策略方面的要求提及了相关的内容。同时高中是初中的延续，目前国内极少有关于初中生的思辨能力的实证研究。因此，本文将以初中生为研究对象调查分析其英语学习中的思辨能力情况及与英语学习成绩的关系。

二、研究现状简述

孟凡菊2012年的研究内容主要包括批判性思维的概念、意义和作用，批判性思维量具构建，批判性思维能力的定量测试及批判性思维能力的培养与训练策略等；[1]思辨性的理论性探讨研究居多，基于实证及数据统计的量化研究相当缺乏。从国内外研究现状来看思辨能力主要分两个层面：思辨能力倾向（批判性思维倾向）和思辨能力技能（批判性思维技能）。本文的根据前人的研究将思辨能力的表现定义为思辨能力倾向。[4]

本文对于思辨能力倾向的定义主要根据 Facione 的定义将思辨能力倾向分为七个维度：寻求真理、开放思想、分析能力、系统化能力、思辨能力自信心、求知欲、认知成熟度。寻求真理指的是在特定的情况下客观地去寻求真理和知识，即使调查结果与个人利益或意愿相左。开放思想是指对其他不同的信仰、生活方式和不同的观点持开放的态度。分析能力指的是运用数据、证据和推理来解决问题，是思辨能力倾向的核心。系统化能力要求有组织、有序并且勤于探究。思辨能力的自信心指的是一个人相信自身的理性判断并能以此引导他人合理地处理问题。求知欲指的是一个人对待事物的好奇心以及想更好地了解事物的想法。认知成熟度指的是一个人在面对选择和决定时的决断力。

三、研究方法

（一）研究对象

本文对象为都匀市两所中学初二学生，每所中学各两个班，共205人。

（二）研究问题

第一，对初中生的思辨能力倾向现状进行描述性统计分析；第二，初中生的思辨能力倾向与英语成绩的相关性；第三，影响初中生思辨能力倾向的因素。

（三）数据收集与分析

本文中使用的问卷根据彭美慈等[4]的中文版批判性思维能力测量表（CTDI-CV）进行调整改编而来。本文在对都匀市初中生的实际情况预先调查后对题目、内容措辞及问卷格式进行了调整。该量表主要测试批判性思维倾向的以下七个维度：寻求真理、开放思想、分析能力、系统化能力、思辨能力自信心、求知欲和认知成熟度。原有的问卷中每个维度包含10个题目，共计70个题目，正性题目30个，负性题目40个。本文调整为35个正性题目，每个维度5个题目。采用李克特六级量表分制量表，从"非常赞同"到"非常不赞同"分六级。为了验证此问卷的信度，笔者随机抽取一个班进行小范围试测，经SPSS 16.0检测信度值为0.74。在对学生进行访谈后，笔者调整个别题目的措辞。正式问卷参与调查人数为205人，剔除基本信息缺失、不认真作答等无效问卷，最终的有效样本为176人。经SPSS 16.0检测信度值为0.881，内部一致性较好。

本文于2019年6月请学生在课堂上完成调查问卷，由学生单独完成，如有疑问可举手提问，笔者给予解答。测试时间约为15分钟，完成后统一收回。然后笔者将问卷的所有数据录入SPSS 16.0进行统计与分析，首先，对初中生的思辨能力倾向现状进行描述性统计分析；其次，运用相关分析对初中生的思辨能力倾向与英语成绩的相关性进行分析；最后，利用半结构访谈对影响初中生思辨能力倾向的因素进行讨论。

（四）结果与讨论

1. 初中生思辨能力倾向现状

从表1可以看出初中生的思辨能力倾向的七个维度的平均值和标准差：寻求真理的平均值为3.19，开放思想的平均值为2.98，分析能力的平均值为2.47，系统化能力的平均值为2.94，思辨能力自信心的平均值为3.16，求知欲的平均值为2.53，认知成熟度的平均值为3.25。七个维度中表现排序由高到低为：认知成熟度>寻求真理>思辨能力自信心>开放思想>系统化能力>求知欲>分析能力。其中，认知成熟度、寻求真理和思辨能力自信心三个维度表现良好，开放思想和系统化能力处于中间水平。值得关注的是初中生的分析能力和求知欲较低，需要英语教师引起高度重视，加强这两个维度的引导。

表1 初中生思辨能力倾向各维度总体情况描述

维度类别	人数	平均值	标准差
寻求真理	176	3.19	0.72
开放思想	176	2.98	0.79
分析能力	176	2.47	0.79
系统化能力	176	2.94	0.85
思辨能力自信心	176	3.16	0.92
求知欲	176	2.53	0.93
认知成熟度	176	3.25	0.79

2. 初中生的思辨能力倾向与英语成绩的相关性

从表2可以看出，显著性 p 值为0.00，小于0.01，说明英语成绩和思辨能力倾向呈显著相关。学生的思辨能力倾向越强，则对英语学习成绩的正面影响就更大；当学生的思辨能力倾向弱时，则对英语学习成绩产生负面影响。

表2 初中生思辨能力倾向与英语成绩的关系

类别	思辨能力倾向
相关性系数	−0.27**
显著性 p 值	0.00
人数	176

注：** 代表相关性在0.01水平显著。

3. 影响初中生思辨能力倾向的因素。

笔者随机抽取了五个学生进行半结构访谈。访谈题目有：第一，你是否听过思辨能力？如果听过，对其了解多少？第二，你认为自己的思辨能力情况如何？第三，你认为思辨能力是否可以帮助自己的英语学习？如果有帮助，请详细说明。

笔者从学生的半结构访谈得知：学生基本上听过思辨能力这个说法，但是了解很模糊。大多学生都指出思辨能力能帮助自己的英语学习。少数学生认为分析能力能有效帮助学习英语，具体体现在做题方面。但是也有学生指出自己分析能力薄弱。从访谈过程中我们可以看出初中生对思辨能力这一概念并不了解，更谈不上能够很好地运用在英语学习中。从总体的回应来看，大部分学生都是自己通过其他渠道了解到思辨能力这个说法的。他们表示英语教师并没有跟他们提出思辨能力的概念，也未曾有过相应的训练指导。由此可知影响学生思辨能力倾向的因素：一是个人的思维分析能力，二是外界的培养。因此，应该加强初中生的思辨能力培养，在英语学习的过程中培养学生的思辨能力势在必行。

四、结论与启示

没有批判，就没有创新，但初中生批判性思维倾向普遍较低，因此，对初中生英语学习批判性思维的训练显得尤为重要。关于如何有效地培养高中生的批判性思维能力，黄朝阳认为，培养思辨能力（批判性思维）有三条具体途径：一是开设专门的课程加以系统训练；二是结合常规课教学，让学生在学习常规课的同时训练并发展思辨能力（批判性思维）；三是开辟隐形课堂。[5]目前，我国外语界针对初中生的思辨能力还没有系统的训练教材，这就要求英语教师和学校教研组根据当地学生的情况合理设定课程，在教学方面强调对初中生英语思辨能力的培养。教育部门应考虑构建批判性思维能力的多维培养模式。具体来说，培养初中生思辨能力可以从教师的教学理念、高中课程设置、英语课堂教学模式、第二课堂活动形式及考试题型等几个方面进行。[3]笔者认为最主要的因素则是英语教师应该与时俱进、加强自身学习，尤其是要更新与改进教学理念和教学模式。笔者从访谈内容了解到都匀市大部分英语教师在教学过程中只注重知识的学习，在思辨能力的培养方面极其欠缺。因此英语教师应该多加关注学生思维的培养。例如：在学习英语文章时，不仅要教学生词汇用法和句意分析，更应该启发学生思考作者和文章的思维方式。在完成阅读的题目时可以更加合理地运用推理分析等思辨能力去理解文章内容。同时，英语教师在日常教学过程中可以根据学生的接受程度适当地改编出题模式，将原先只集中考察词汇、知识点的出题方式改成更加合理的语言运用题目，让学生的思辨能力得到更好的发展。这样的出题方式既可以考察英语能力又能增添学习英语的趣味性。用英语的形式结合思辨思维能力的培养，这是一项任重而道远的工程，需要学生、家长、教师和学校的共同努力。

参考文献：

[1] 孟凡菊. 我国外语界批判性思维研究综述 [J]. 吉林省教育学院学报，2012，28（3）：17－19.

[2] 文秋芳，王建卿，赵彩然，等. 构建我国外语类大学生思辨能力量具的理论框架 [J]. 外语界，2009（1）：37－43.

[3] 王世建. 高中生批判性思维倾向实证研究 [J]. 基础英语教育，2014，16（1）：24－29.

[4] 彭美慈，汪国成，陈基乐，等. 批判性思维能力测量表的信效度测试研究 [J]. 中华护理杂志，2004，39（9）：644－647.

[5] 黄朝阳. 我国高校学生批判性思维能力调查报告 [D]. 厦门：厦门大学，2008.